四角形、五角形、六角形の紙から折る

星と雪の装飾おりがみ

布施知子 著

落ち着いた部屋には
シックにまとめた星が似合う

空気の澄んだ冬の夜空を
想像させるピンと尖った星と雪

部屋にいくつか飾るだけで
季節を感じるアクセントに

はじめに

星と雪のおりがみ図案集です。
一見むずかしそうに見える折りも、パターンの繰り返しが多いので、
じっくり取り組んで折り線の意味をつかんでください。
最終的には折りの技術がものをいうので、
あわてずに丁寧に折ることが肝心です。

正方形でなく、五角形や六角形から折るのに
違和感を覚える方がいらっしゃるかもしれません。
しかし、垣根を超えたら別な世界が見えてくることもあります。
試しにひとつ折ってみてください。
折り紙の星と雪の結晶が、みなさんの手から生まれますように。

一枚折りの雪の結晶は、鈴木邦雄さんが『雪華』と名付けての
膨大な研究と作品があり、啓発されました。ここに敬意を表します。

CONTENTS

はじめに …… 8

折り方の約束 …… 15

PART 1　四角形の紙から作る星

 ダブルスター …… 18

 明星 …… 19

 親子星 A …… 20

 親子星 B …… 21

 親子星 C …… 21

 きら星（4 枚組） …… 22

 きら星（8 枚組） …… 22

 きら星（5 枚組） …… 22

 南十字星 A …… 23

 南十字星 B …… 23

 南十字星 C …… 23

 十字光芒の星 …… 24

 **PART 2** アクセサリーパーツを組んで作る星

 五角金星 …… 48

 六角金星 A …… 48

 六角金星 B …… 48

 五角金星 + ターバン …… 49

 五角金星 + ともえ …… 49

 五角金星 + 大小升 …… 49

 六角金星 A + ターバン …… 50

 六角金星 A + ともえ …… 50

 六角金星 A + 大小升 …… 50

 六角金星 B + ターバン …… 51

 六角金星 B + 大小升 …… 51

アクセサリーパーツの折り方
ターバン …… 54
ともえ …… 55
大小升 …… 55

PART 3　正五角形の紙から作る星

 五芒星 1 …… 72

 銀星 1 - C …… 76

 五芒星 2 …… 73

 銀星 1 - D …… 76

 五角花星 A …… 75

 銀星 2 - A …… 76

 五角花星 B …… 75

 銀星 2 - B …… 76

 五角花星 C …… 74

 銀星 2 - D …… 76

 五角花星 D …… 74

 銀星 3 - A …… 76

 五角花星 E …… 75

 銀星 3 - B …… 76

 銀星 1 - A …… 76

 笠銀星 A …… 77

 銀星 1 - B …… 76

 笠銀星 B …… 77

正五角形の切り出し …… 81

PART 4　正六角形の紙から作る星と雪

 雪花たとう 1-A …… 100

 雪の結晶 2-a …… 104

 雪花たとう 1-B …… 100

 雪の結晶 2-b …… 105

 雪花たとう 2-A …… 101

 雪の結晶 2-c …… 104

 雪花たとう 2-B …… 101

 雪の結晶 2-d …… 105

 六芒星 …… 102

 雪の結晶 3-A …… 106

 雪の結晶 1-A …… 103

 雪の結晶 3-A-b …… 106

 雪の結晶 1-B …… 103

 雪の結晶 3-A-c …… 106

 雪の結晶 3-A-e …… 106

 雪の結晶 3-B …… 107

 雪の結晶 4-a …… 108

 雪の結晶 3-B-b …… 107

 雪の結晶 4-b …… 108

 雪の結晶 3-B-c …… 107

 雪の結晶 4-c …… 108

正六角形の切り出し …… 111

折り方の約束

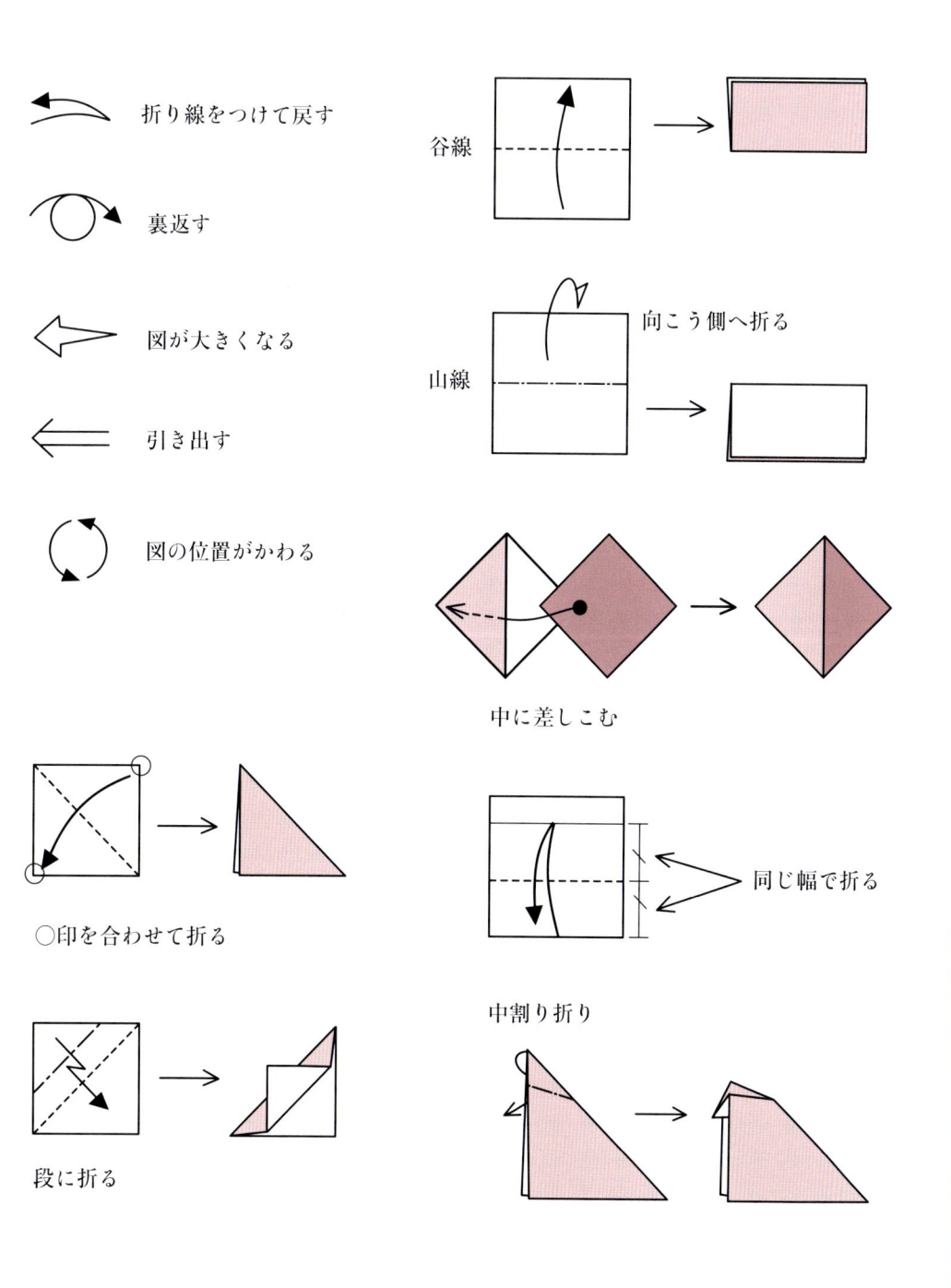

PART 1

四角形の紙から作る星

標準サイズのおりがみ1枚をそのまま折るものから、
1/4にカットしてパーツを作り組み合わせるものまで。
取り掛かりやすい作品が集まっています。
一つひとつのパーツは折りやすくても、組み合わせると
複雑なかたちになります。

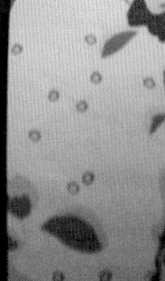

ダブルスター
折り方…p26

明星

折り方…p28

親子星A

折り方 … p30

親子星C
折り方…p32

親子星B
折り方…p32

きら星（5枚組）

折り方…p38

きら星（8枚組）

折り方…p36

きら星（4枚組）

折り方…p34

南十字星A
折り方…p40

南十字星B
折り方…p42

南十字星C
折り方…p43

十字光芒の星
折り方 … p44

DECORATION IDEA

緑と赤の紙を組み合わせれば、
クリスマスの飾りに

ダブルスター

★ 15cm×15cm が基準

四角形の紙から作る星

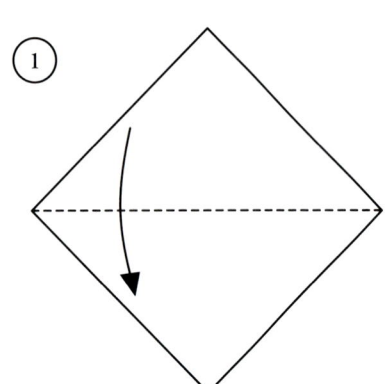

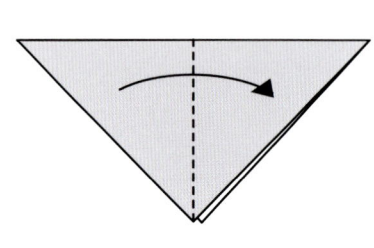

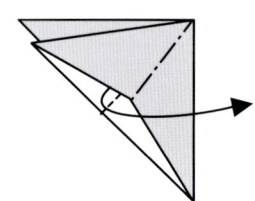

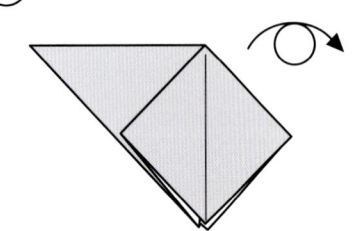
三角を反対に倒す

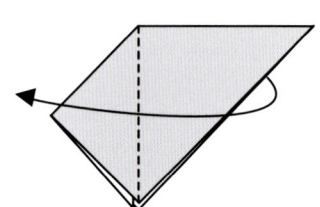

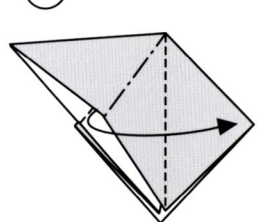
ポケットを開いてつぶす

図のような
折り線をつける

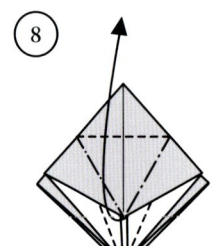
上の1枚を大きく
上へ持ち上げる

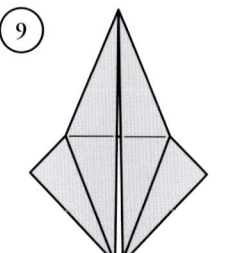
反対側も同じ
ように折る

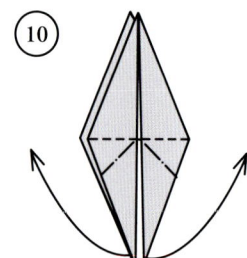
中割り折り

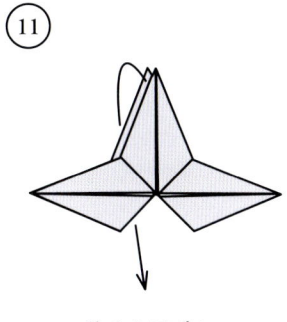

11

後ろを下げる

12

13

中央の三角を
十字に立てる

14

(×2)

組み方

1

後ろのすき間
にはさむ

2

前と後ろのひだを
両方、互い違いに
差しこむ

3

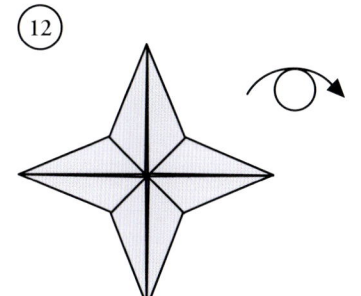

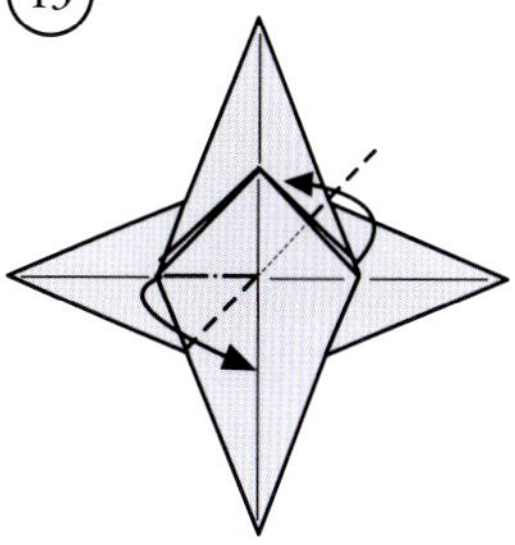

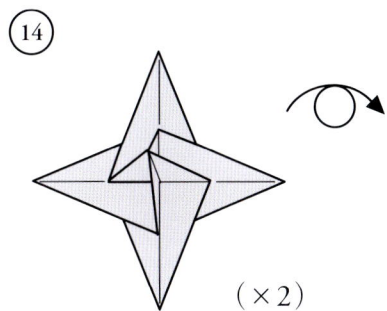

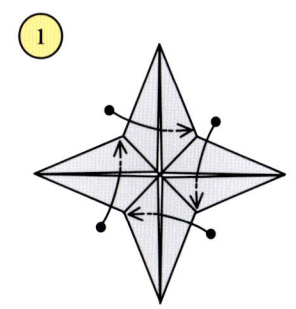

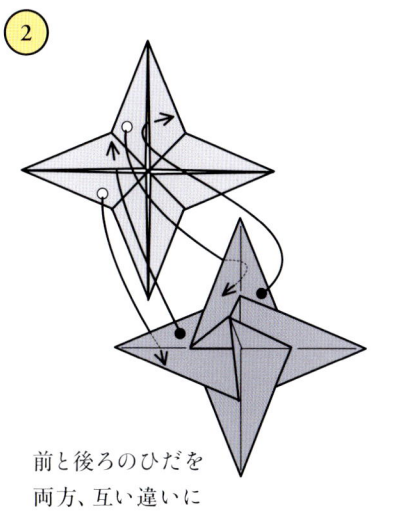

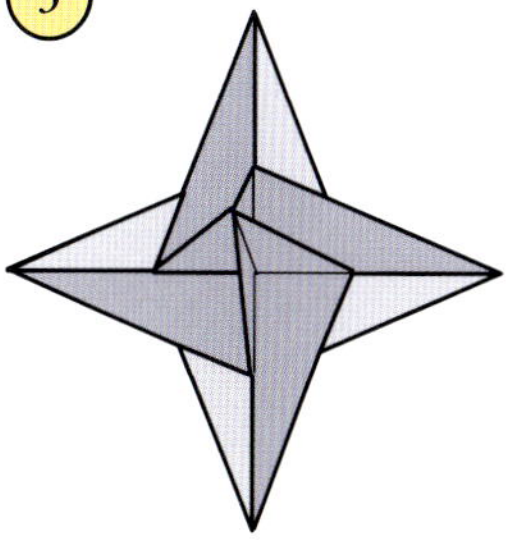

できあがり
前と後ろは同じかたちになる

明星

★ 7.5cm×7.5cm が基準

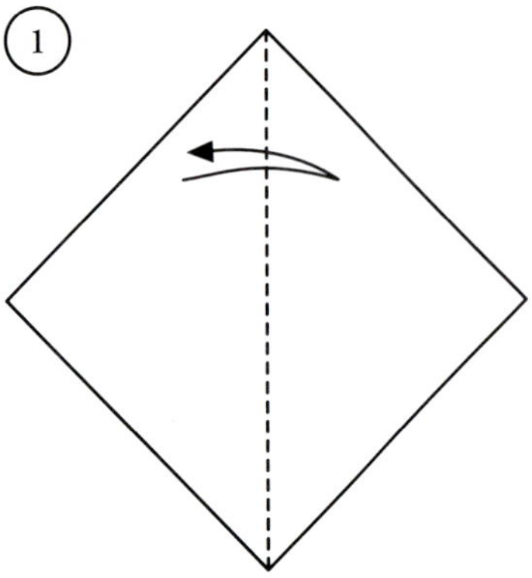

①

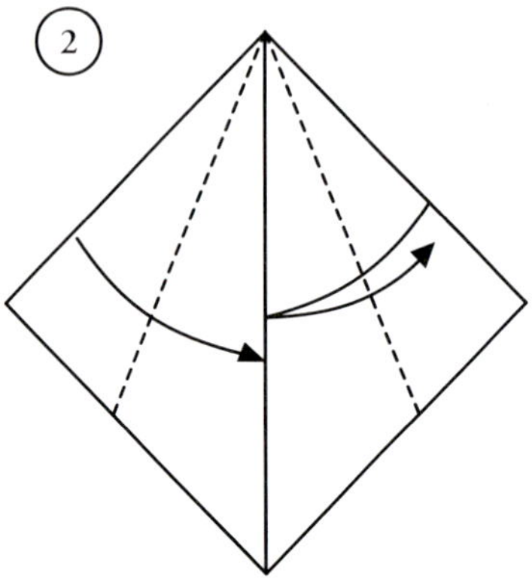

②

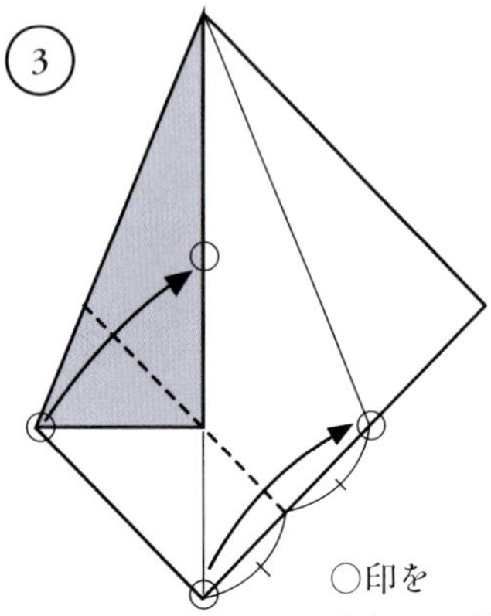

③ ○印を合わせて折る

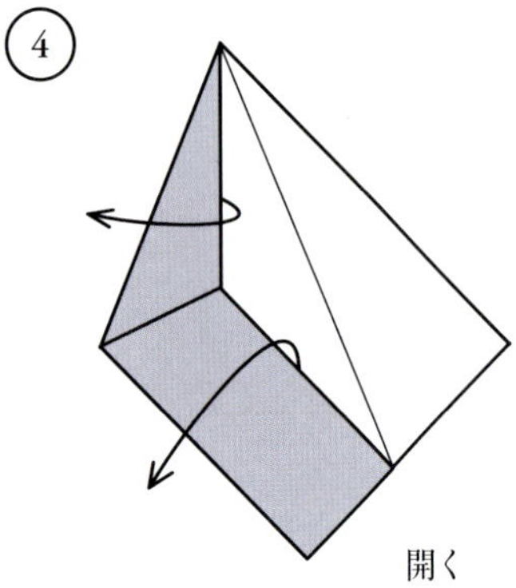

④ 開く

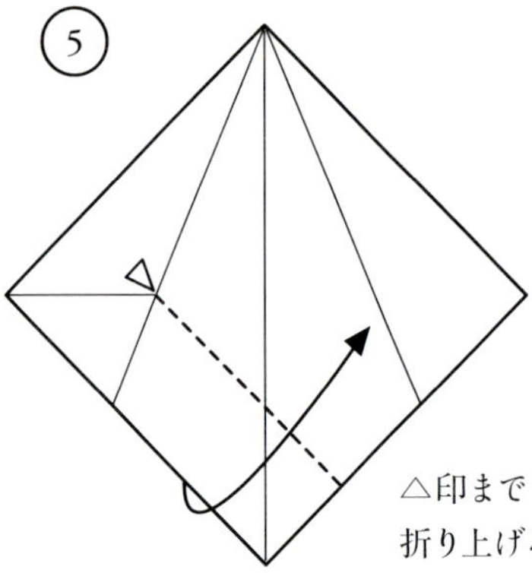

⑤ △印まで折り上げる

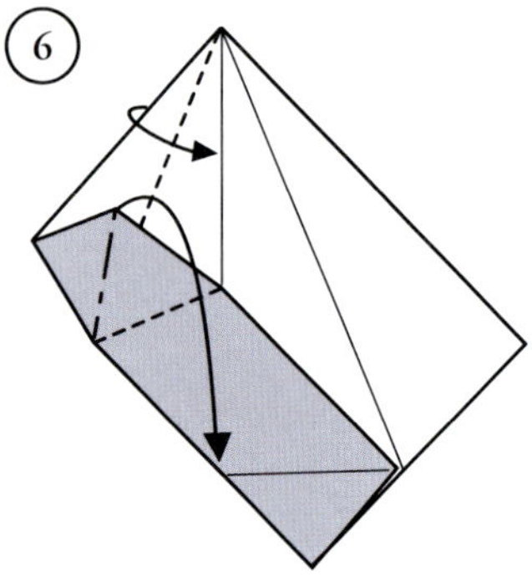

⑥

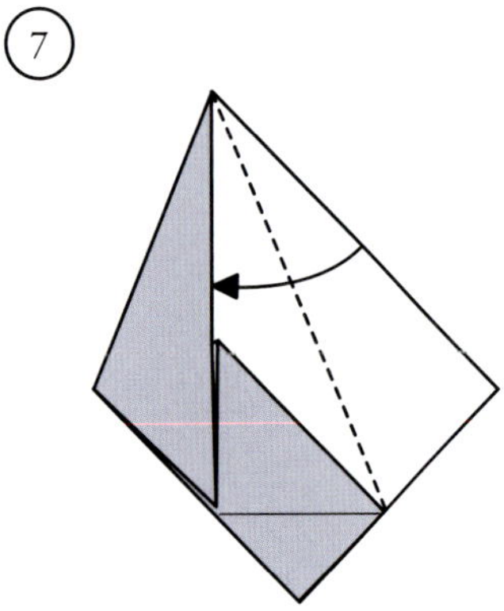

⑦

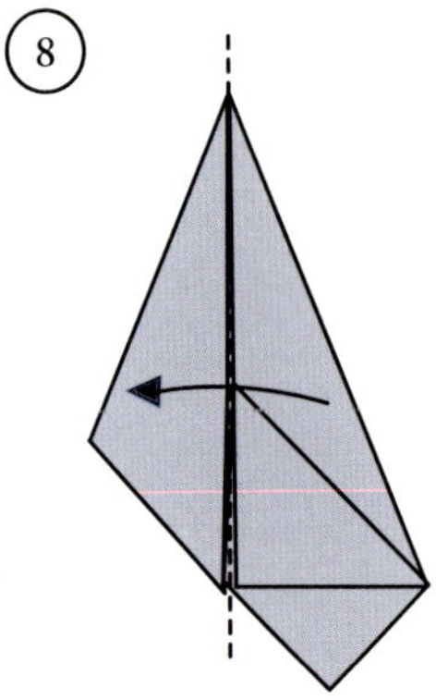

⑧ 半分に折る

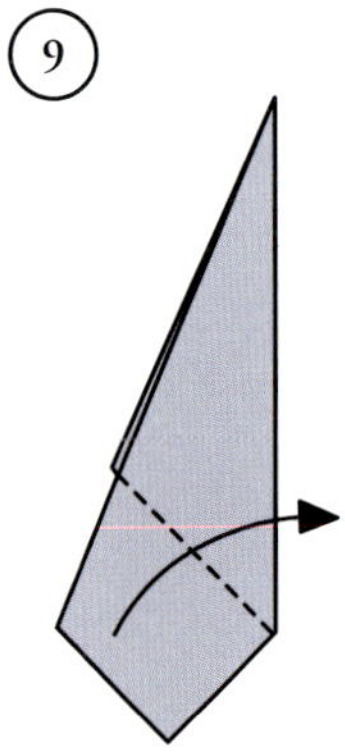

⑨

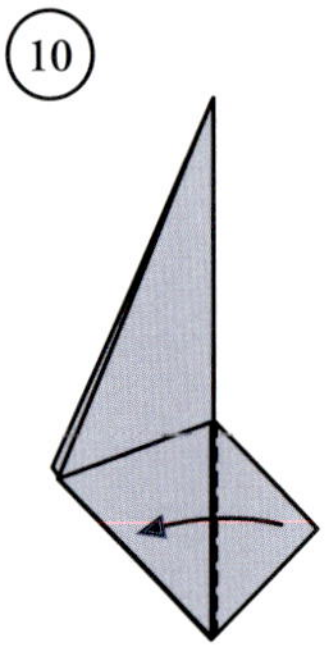

⑩

⑪ 開く

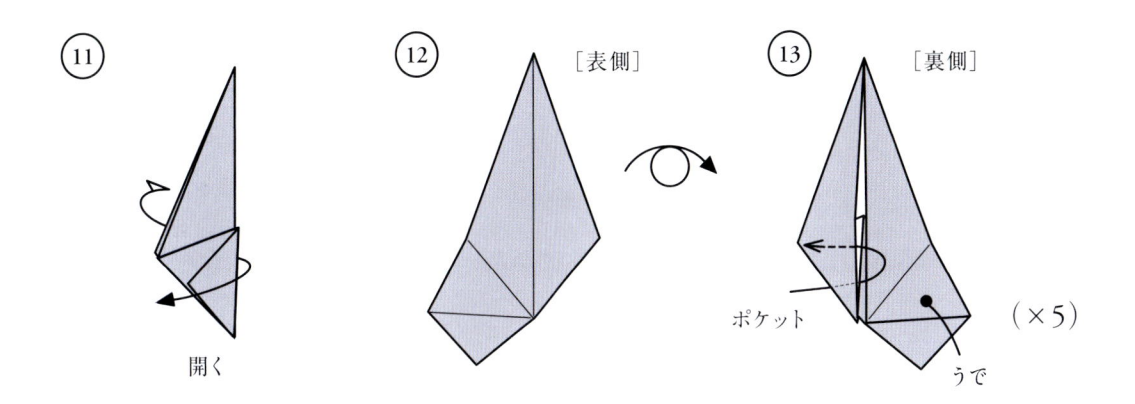

⑫ [表側]

⑬ [裏側] ポケット うで （×5）

組み方

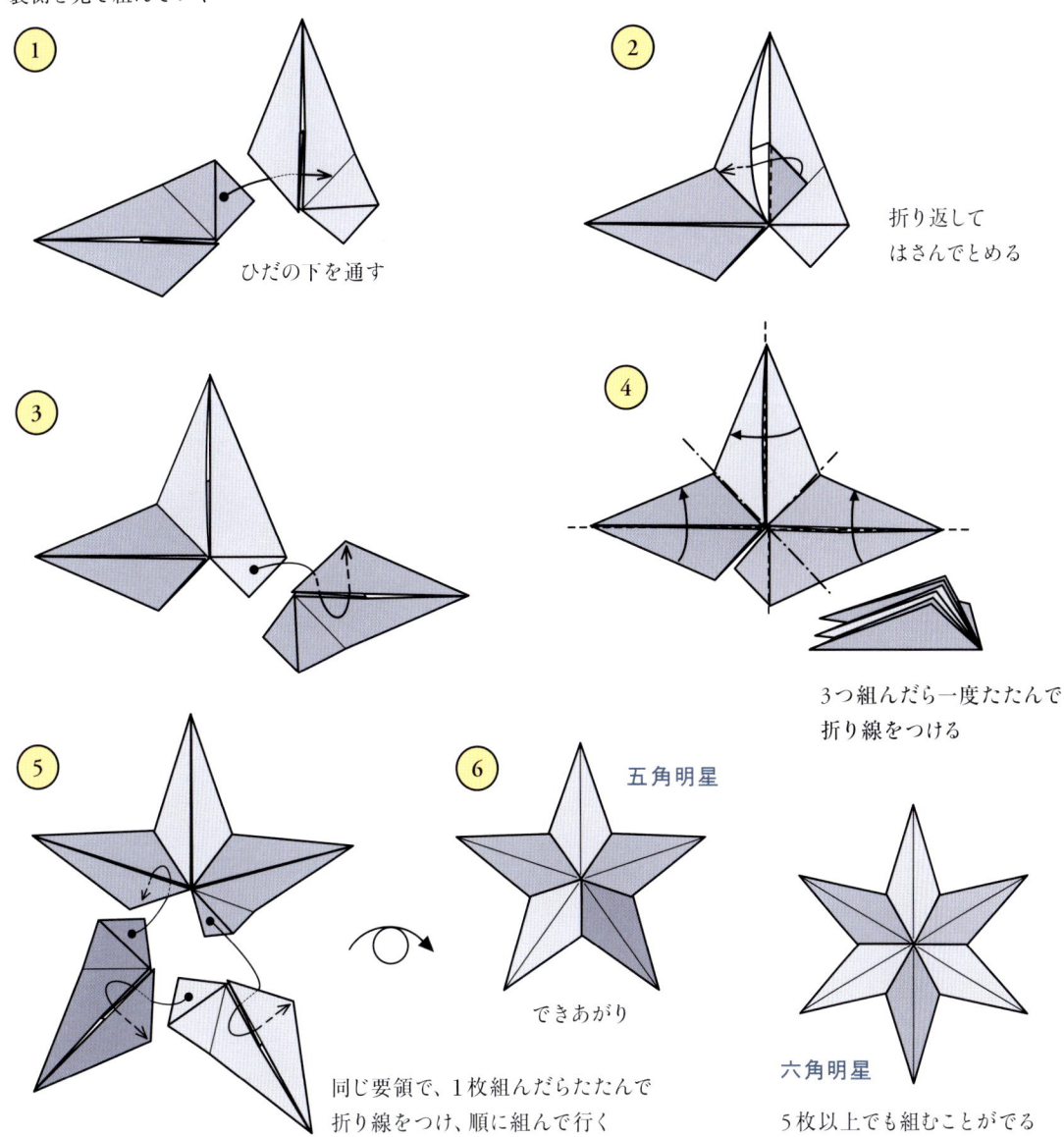

裏側を見て組んでいく

① ひだの下を通す

② 折り返してはさんでとめる

③

④ 3つ組んだら一度たたんで折り線をつける

⑤ 同じ要領で、1枚組んだらたたんで折り線をつけ、順に組んで行く

⑥ 五角明星 できあがり

六角明星
5枚以上でも組むことがでる

親子星 A

★ 7.5cm×7.5cm が基準

四角形の紙から作る星

① ②
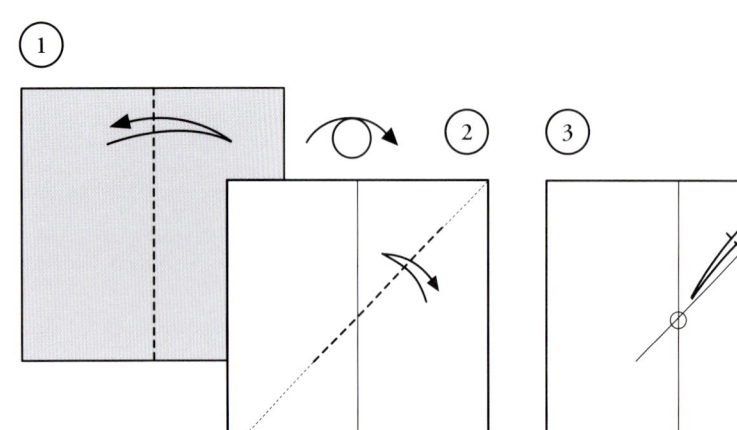
少しだけ折り線をつける

③ ④
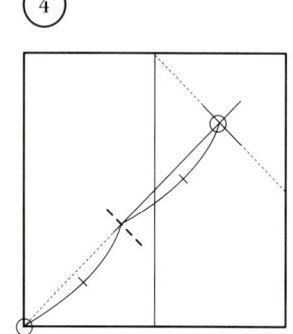

⑤
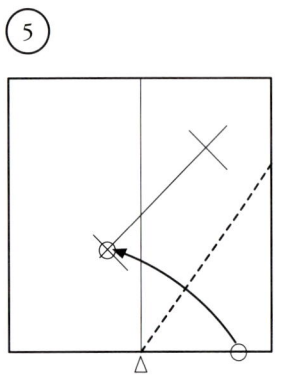
△印を軸に
○印を合わせて折る

⑥
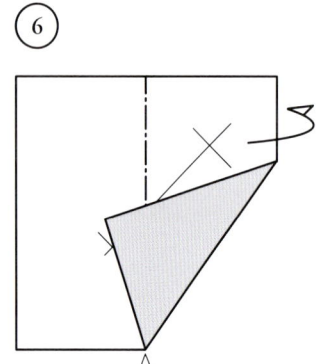

⑦ ⑧
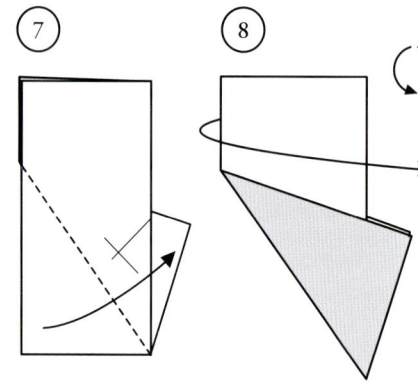

⑨
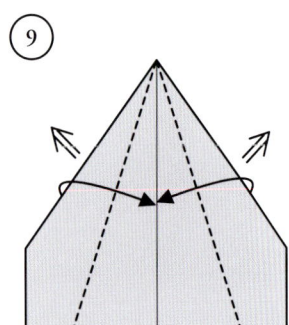

⑩
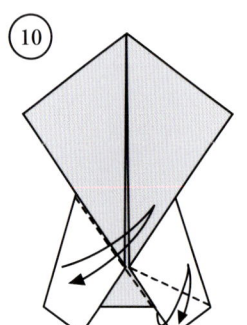

⑪
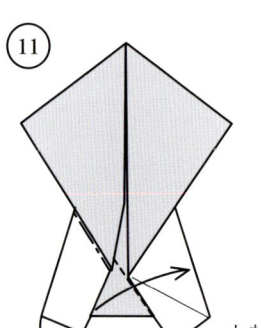

⑫
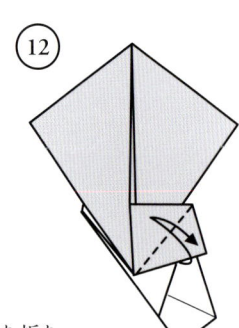
中割り折り

13

14

15 ［裏側］

16 ［表側］

（×5）

組み方

1

印を合わせて
差しこむ

2

2枚いっしょに
巻いて折る

3

4

できあがり

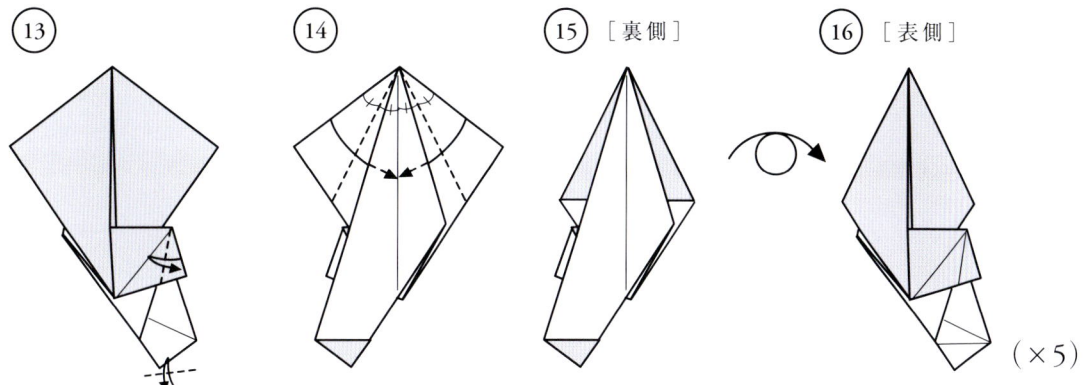

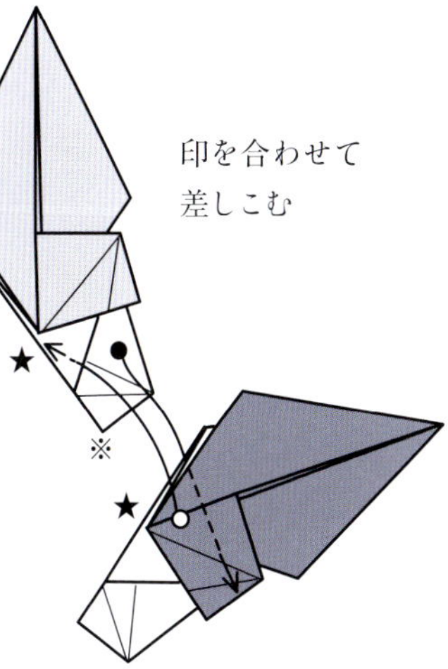

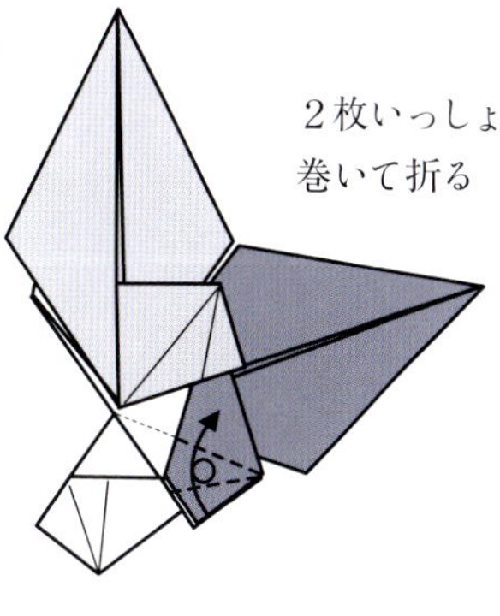

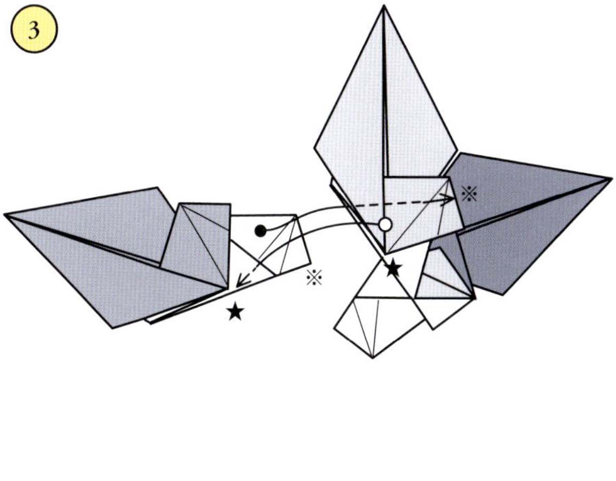

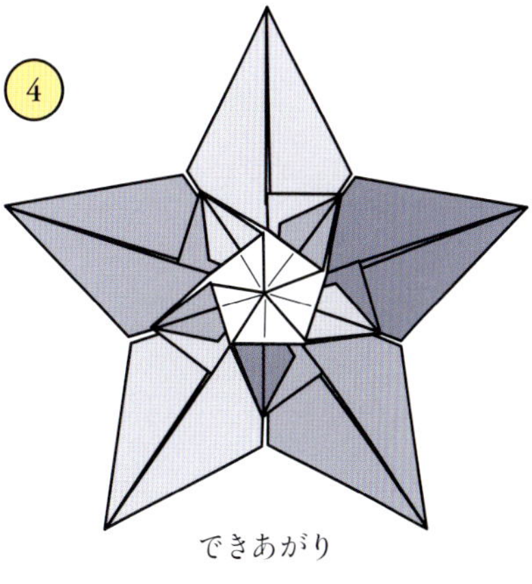

親子星 B

★ 7.5cm×7.5cmが基準

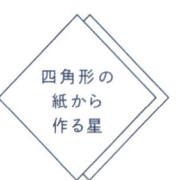

四角形の紙から作る星

① P30⑩の折り線をつけてから図のように折る

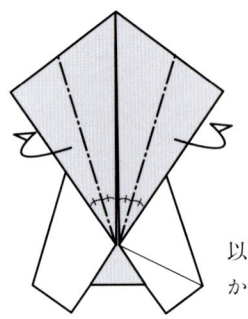

以下、P30⑪からと同じように折る

②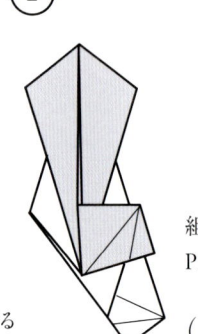

組み方はP31と同じ

(×5)

③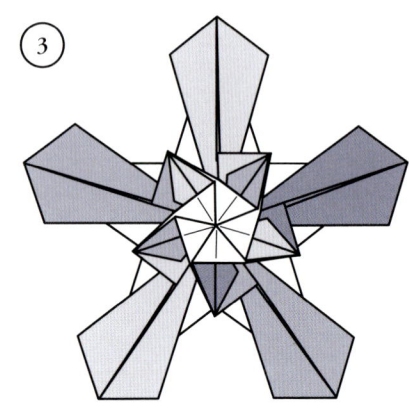

できあがり

親子星 C

★ 7.5cm×7.5cmが基準

四角形の紙から作る星

① P30⑩を折ったら開く

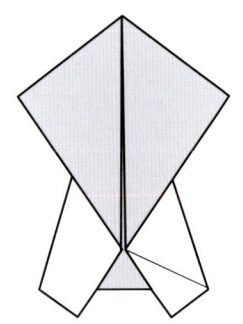

②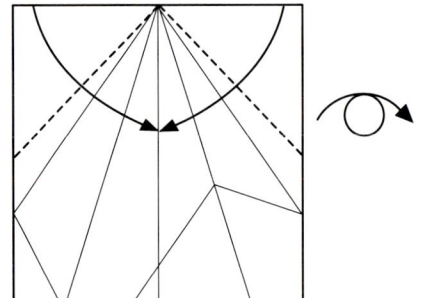

③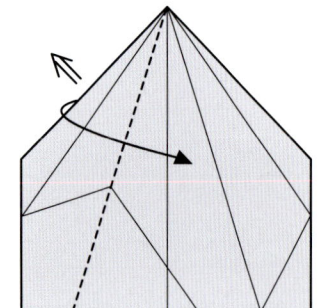

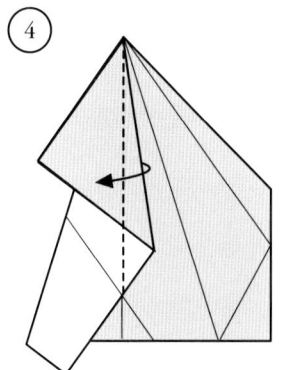
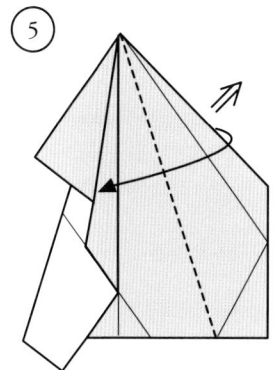
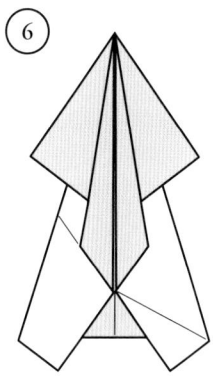

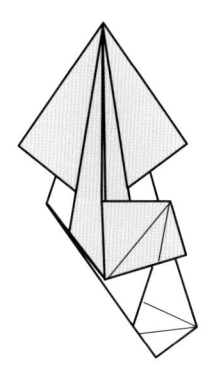

以下、P30⑪からと
同じように折る

組み方は
P31と同じ
(×5)

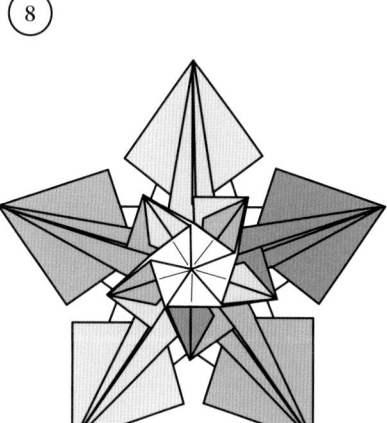

できあがり

きら星（4枚組）

★ 7.5cm×7.5cmが基準

四角形の紙から作る星

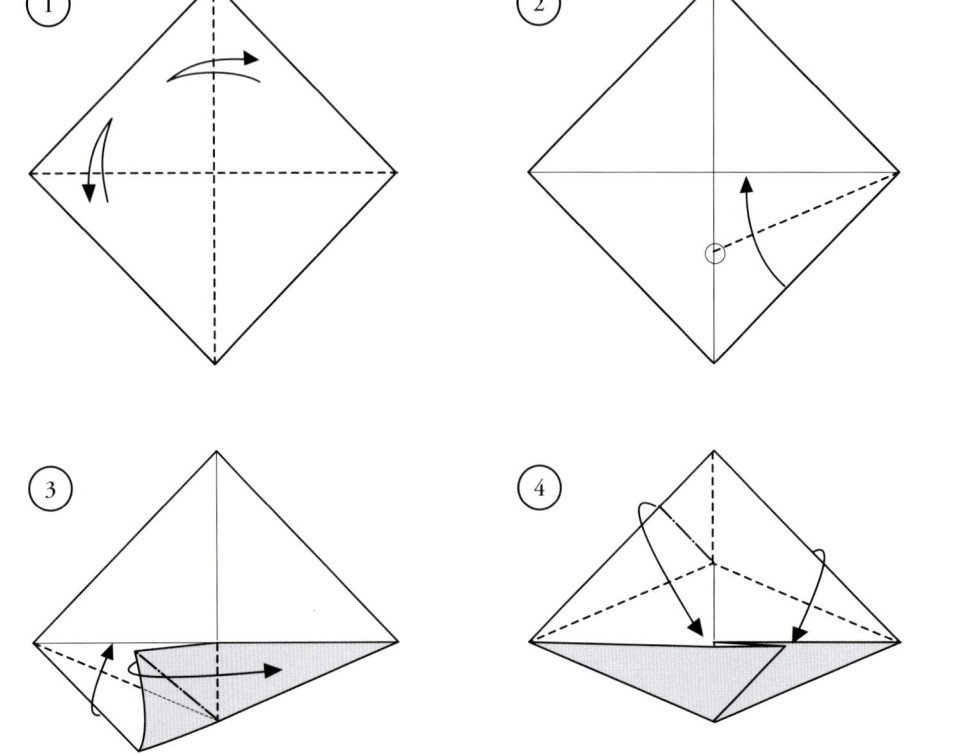

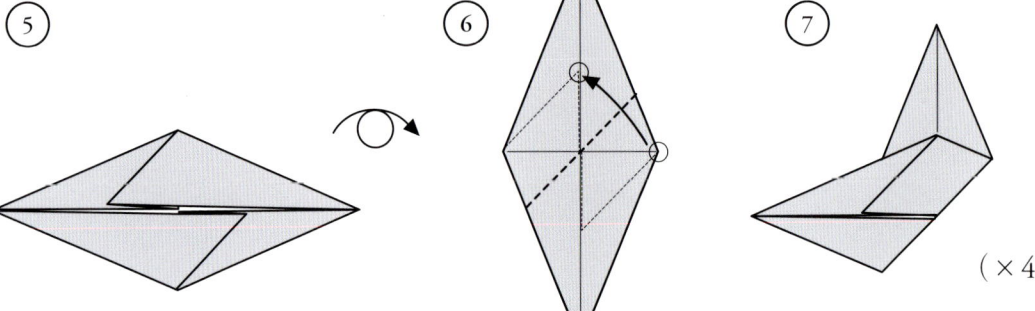

(×4)

組み方

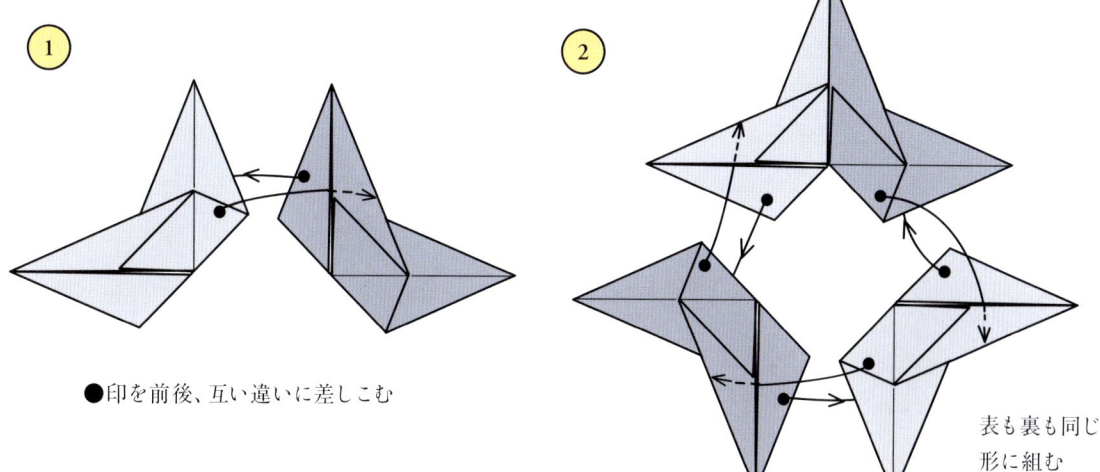

① ●印を前後、互い違いに差しこむ

② 表も裏も同じ形に組む

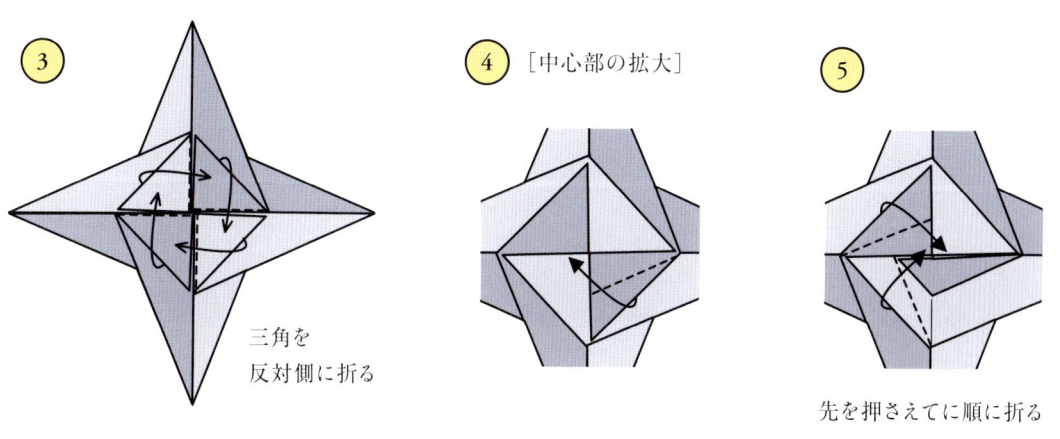

③ 三角を反対側に折る

④ ［中心部の拡大］

⑤ 先を押さえて順に折る

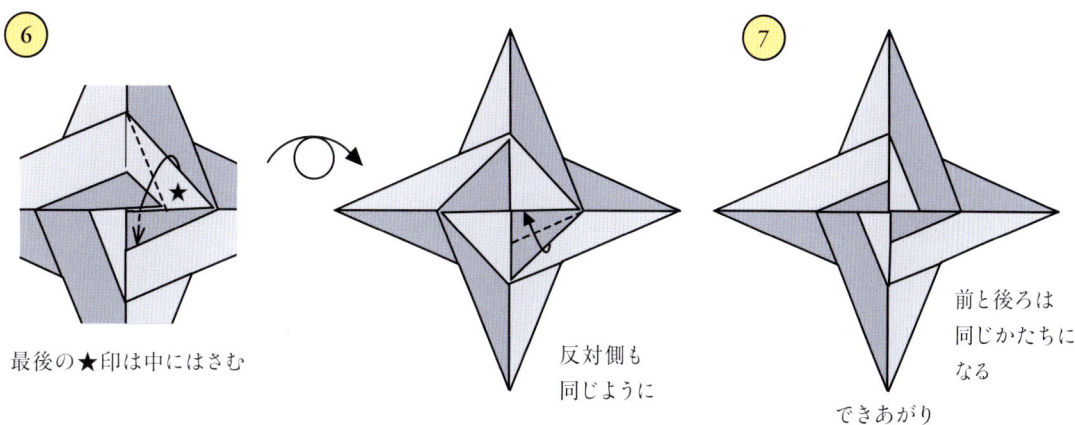

⑥ 最後の★印は中にはさむ

反対側も同じように

⑦ 前と後ろは同じかたちになる

できあがり

35

きら星（8枚組）

★ 7.5cm×7.5cmが基準

四角形の紙から作る星

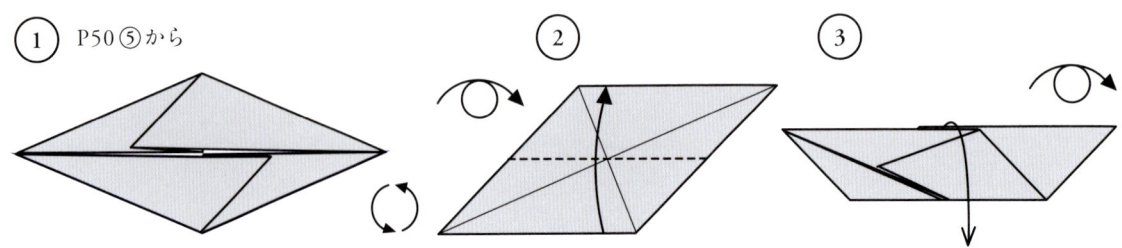

① P50⑤から
②
③

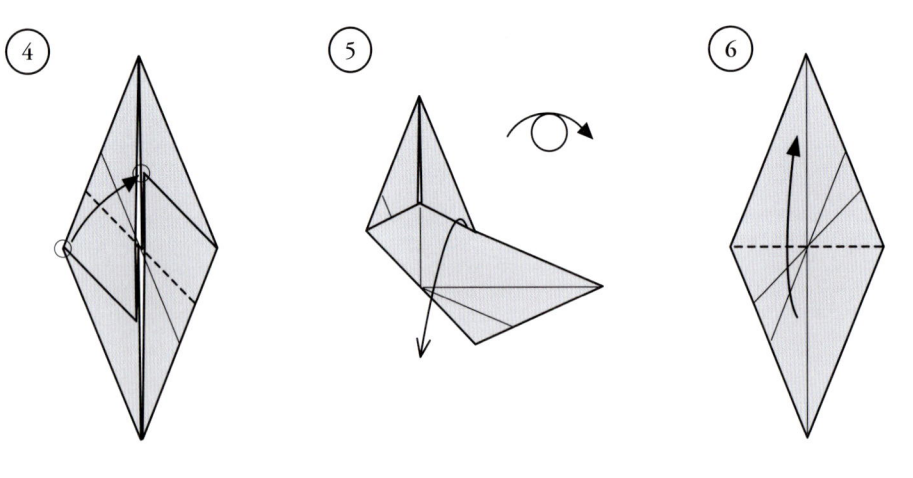

④
⑤
⑥

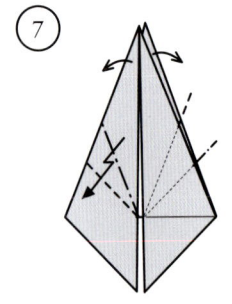
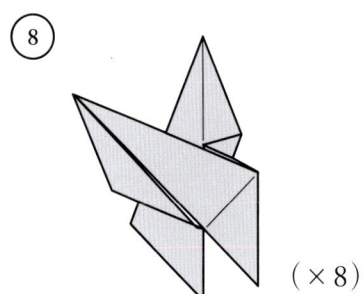

⑦ ②、⑤の折り線を利用して折る

⑧ (×8)

組み方

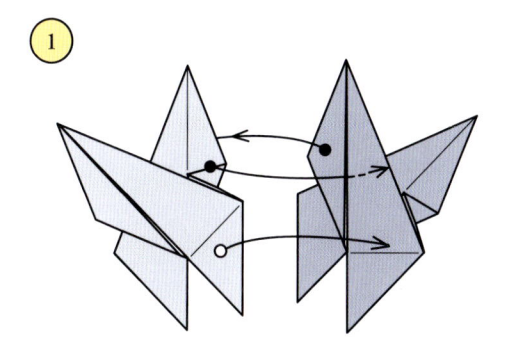

① ●印を前後、互い違いに差しこむ
〇印は上へ

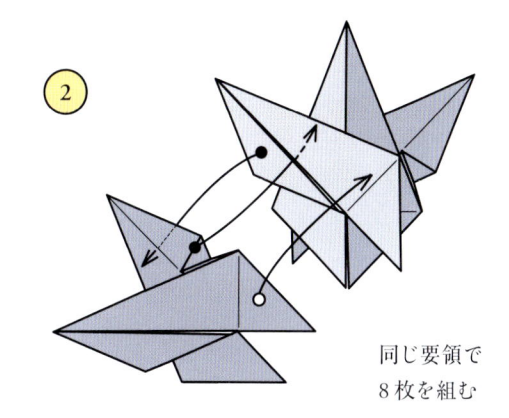

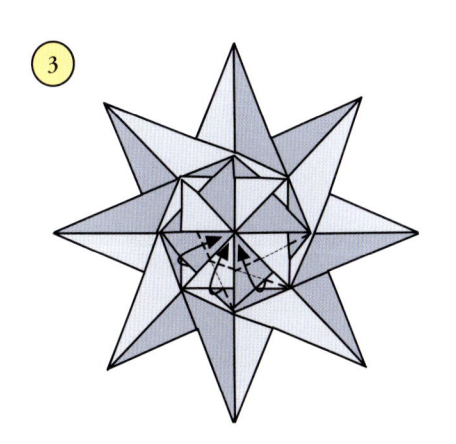

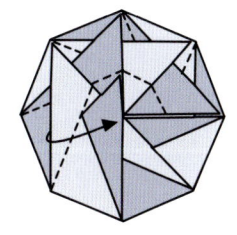

② 同じ要領で8枚を組む

③

④ ［中心部の拡大］
先を押さえて順に折る

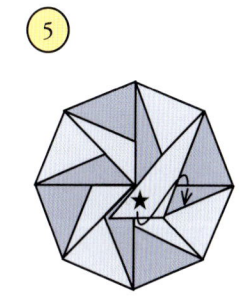

⑤ 最後の★印は中にはさむ
反対側も同じように

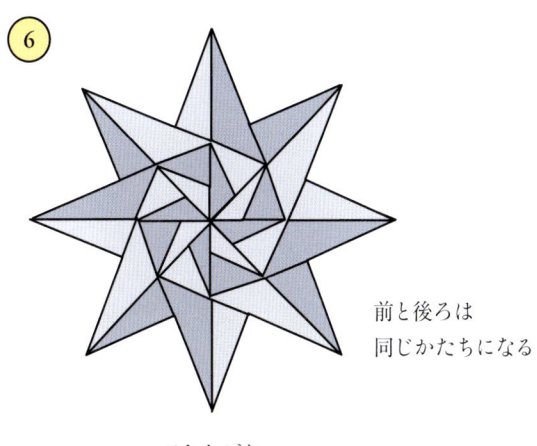

⑥ 前と後ろは同じかたちになる

できあがり

きら星（5枚組）

★ 7.5cm×7.5cm が基準

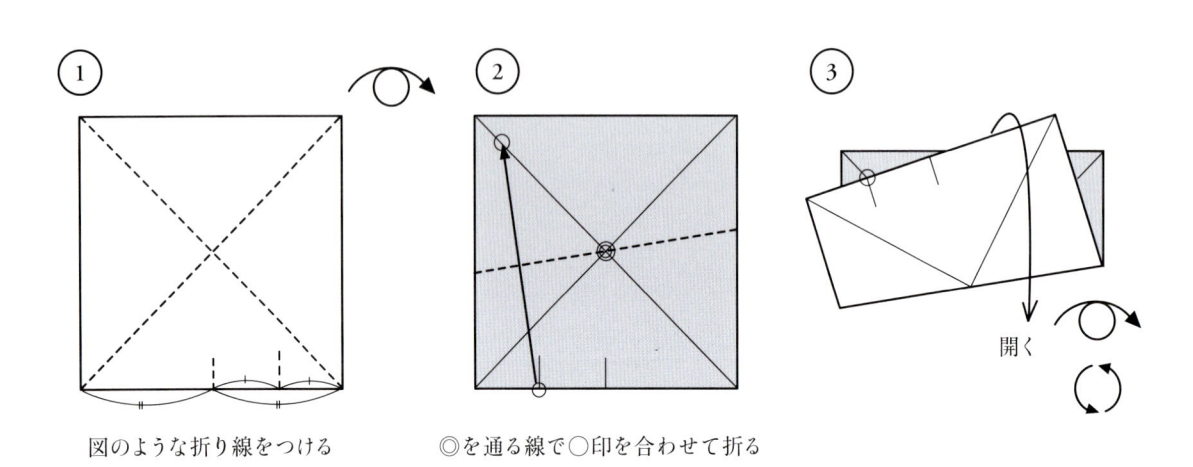

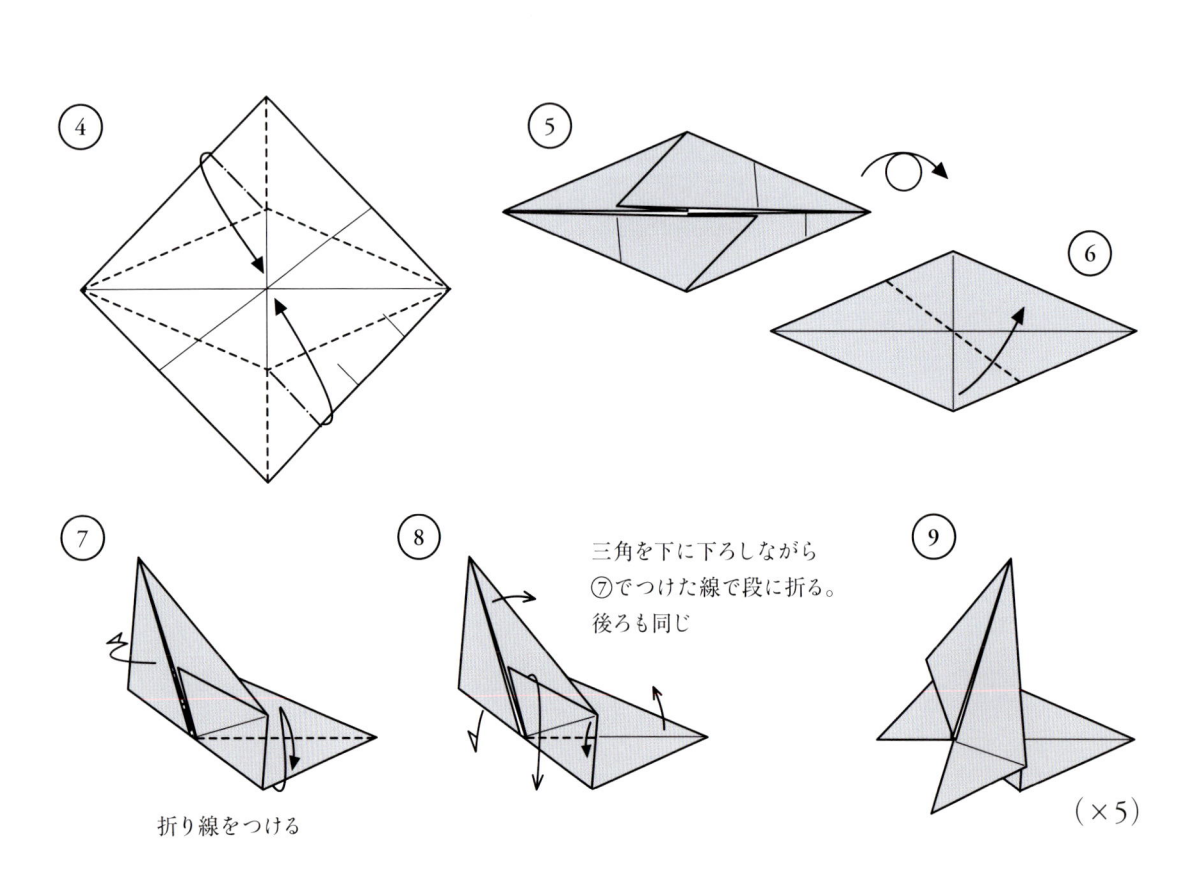

四角形の紙から作る星

① 図のような折り線をつける

② ◎を通る線で○印を合わせて折る

③ 開く

④

⑤

⑥

⑦ 折り線をつける

⑧ 三角を下に下ろしながら⑦でつけた線で段に折る。後ろも同じ

⑨ （×5）

組み方

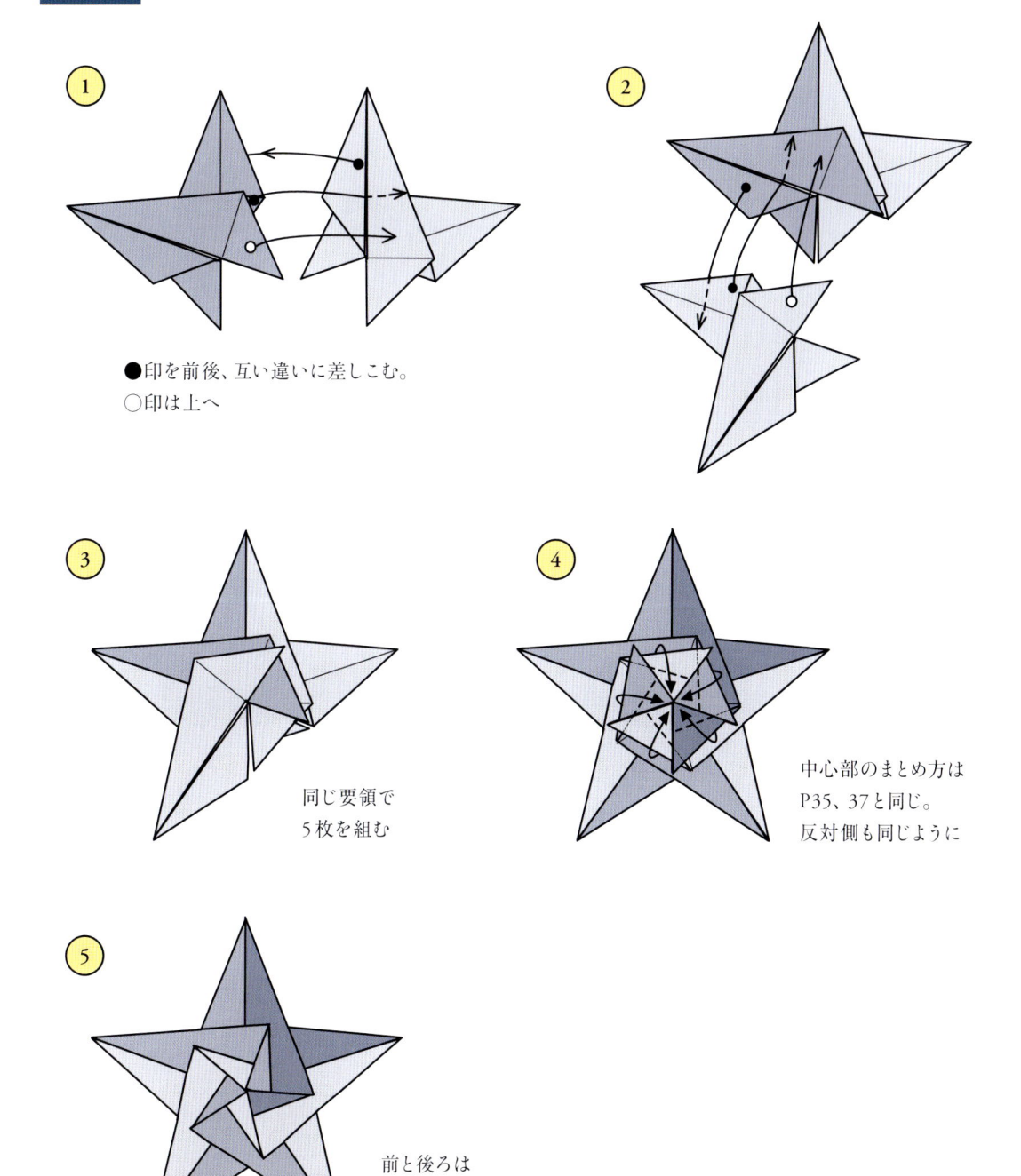

① ●印を前後、互い違いに差しこむ。
○印は上へ

②

③ 同じ要領で
5枚を組む

④ 中心部のまとめ方は
P35、37と同じ。
反対側も同じように

⑤ 前と後ろは
同じかたちになる

できあがり

39

南十字星 A

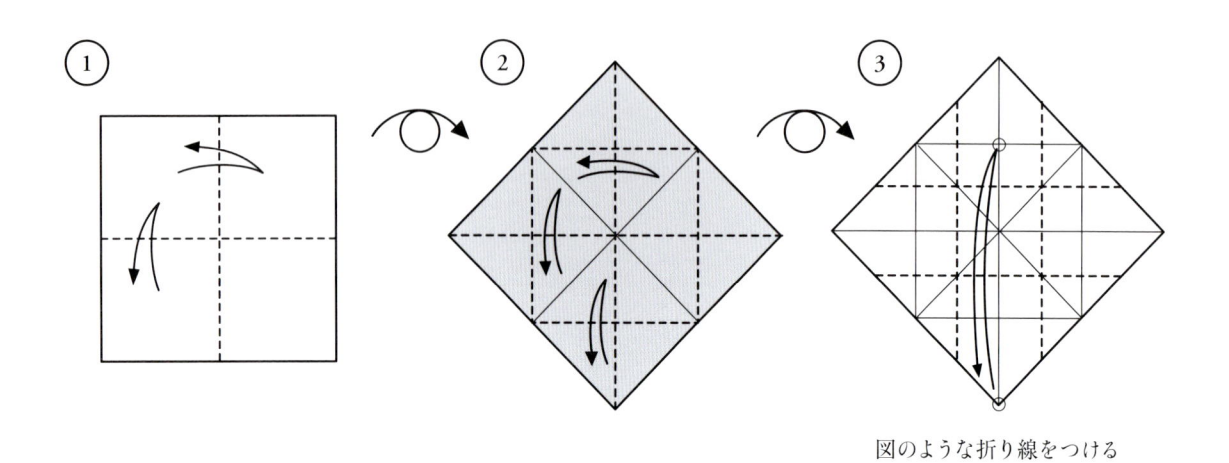

★ 15cm×15cm が基準

四角形の紙から作る星

③ 図のような折り線をつける

④ 折り線どおりにまとめる

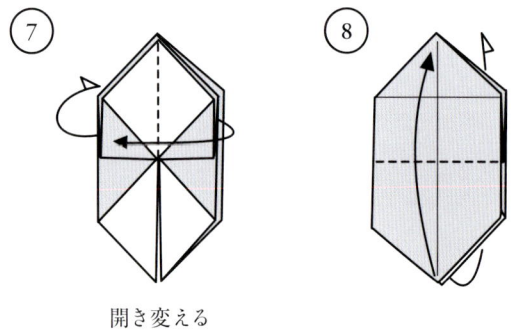

⑤ 4カ所を中割り折り

⑦ 開き変える

⑨

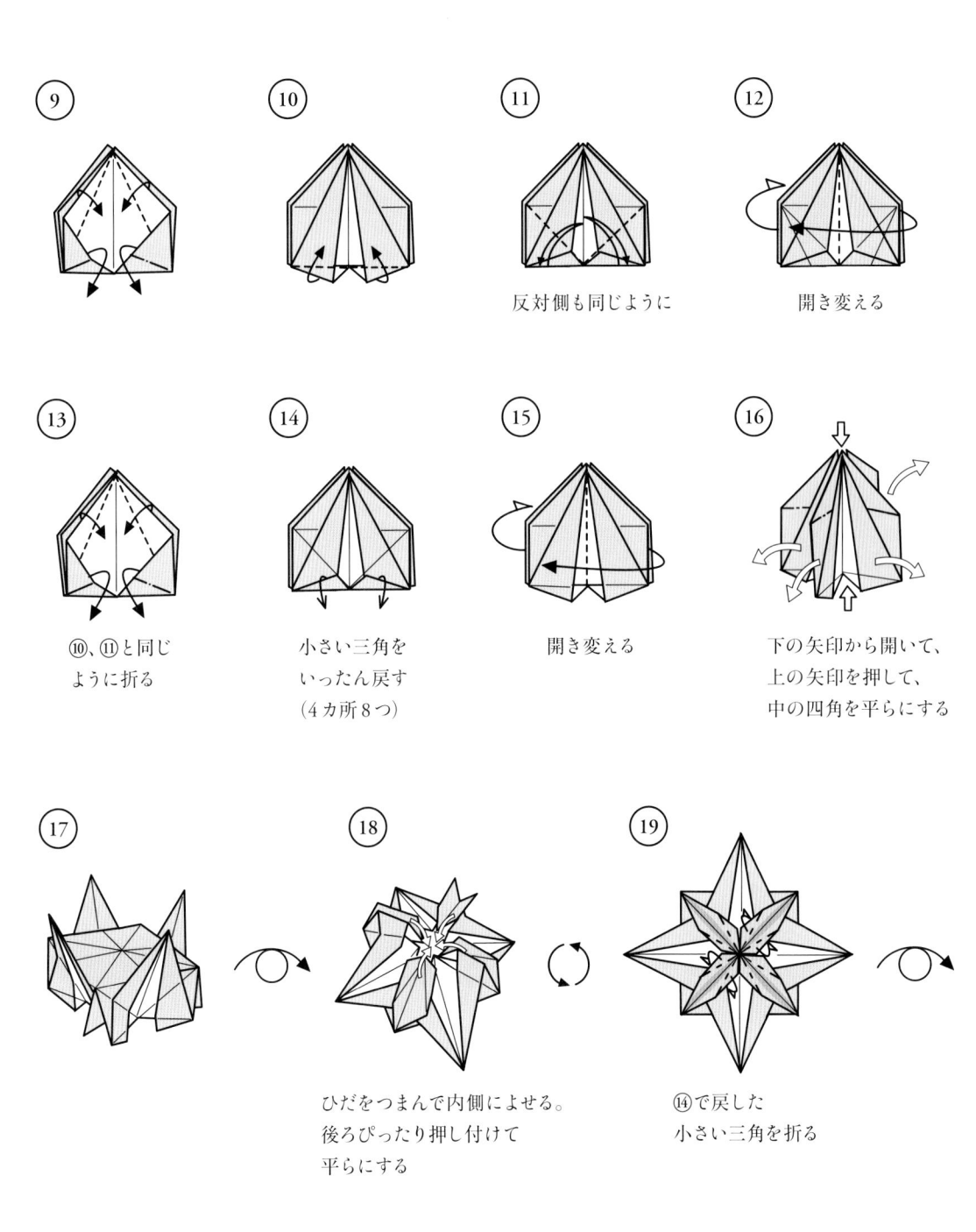

⑩

⑪
反対側も同じように

⑫
開き変える

⑬
⑩、⑪と同じように折る

⑭
小さい三角をいったん戻す
（4カ所8つ）

⑮
開き変える

⑯
下の矢印から開いて、
上の矢印を押して、
中の四角を平らにする

⑰

⑱
ひだをつまんで内側によせる。
後ろぴったり押し付けて
平らにする

⑲
⑭で戻した
小さい三角を折る

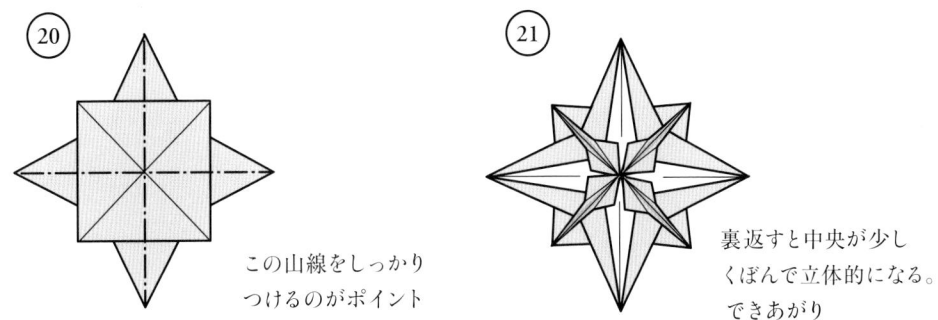

⑳
この山線をしっかり
つけるのがポイント

㉑
裏返すと中央が少し
くぼんで立体的になる。
できあがり

南十字星 B

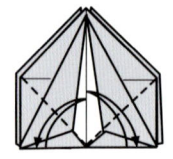

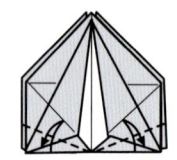

★ 15cm×15cm が基準

四角形の紙から作る星

① P41⑪から

② 以下、P41の⑫からと同じ要領で折る

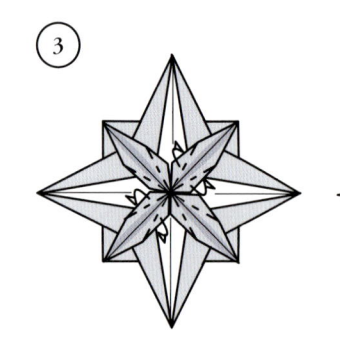

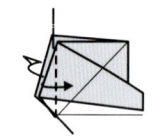

③

④ 折り線を戻して形を整える
後ろはP41の⑳と同じ

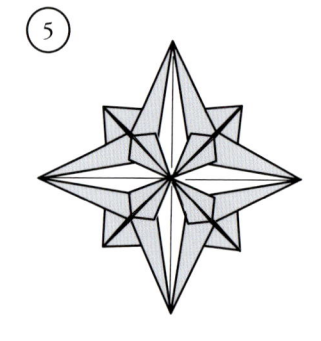

⑤ できあがり

南十字星C

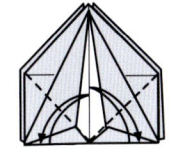

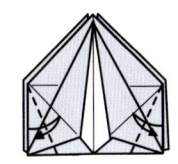

★ 15cm×15cmが基準

四角形の紙から作る星

① P41⑪から

② 以下、P41の⑫からと同じ要領で折る

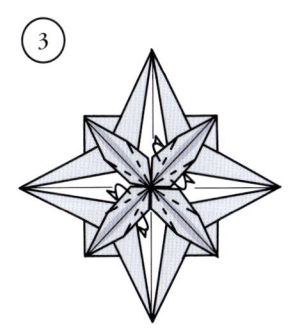

③ 南十字星Cは折り線をつける位置が違うだけであとは南十字星Bと同じ

④

⑤ できあがり

43

十字光芒の星

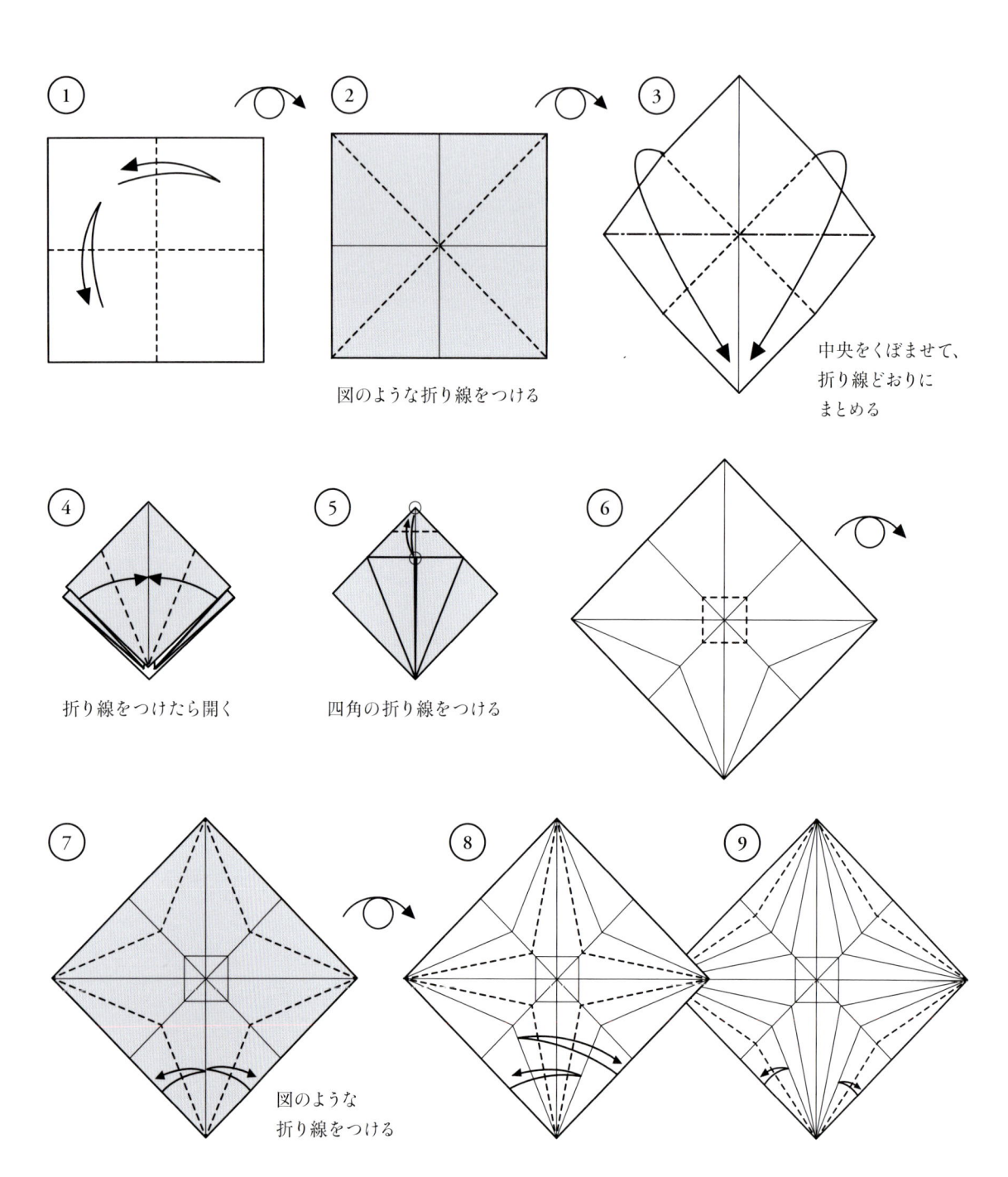

★ 15cm×15cmが基準

四角形の
紙から
作る星

① ②
図のような折り線をつける

③ 中央をくぼませて、折り線どおりにまとめる

④ 折り線をつけたら開く

⑤ 四角の折り線をつける

⑥

⑦ 図のような折り線をつける

⑧ ⑨

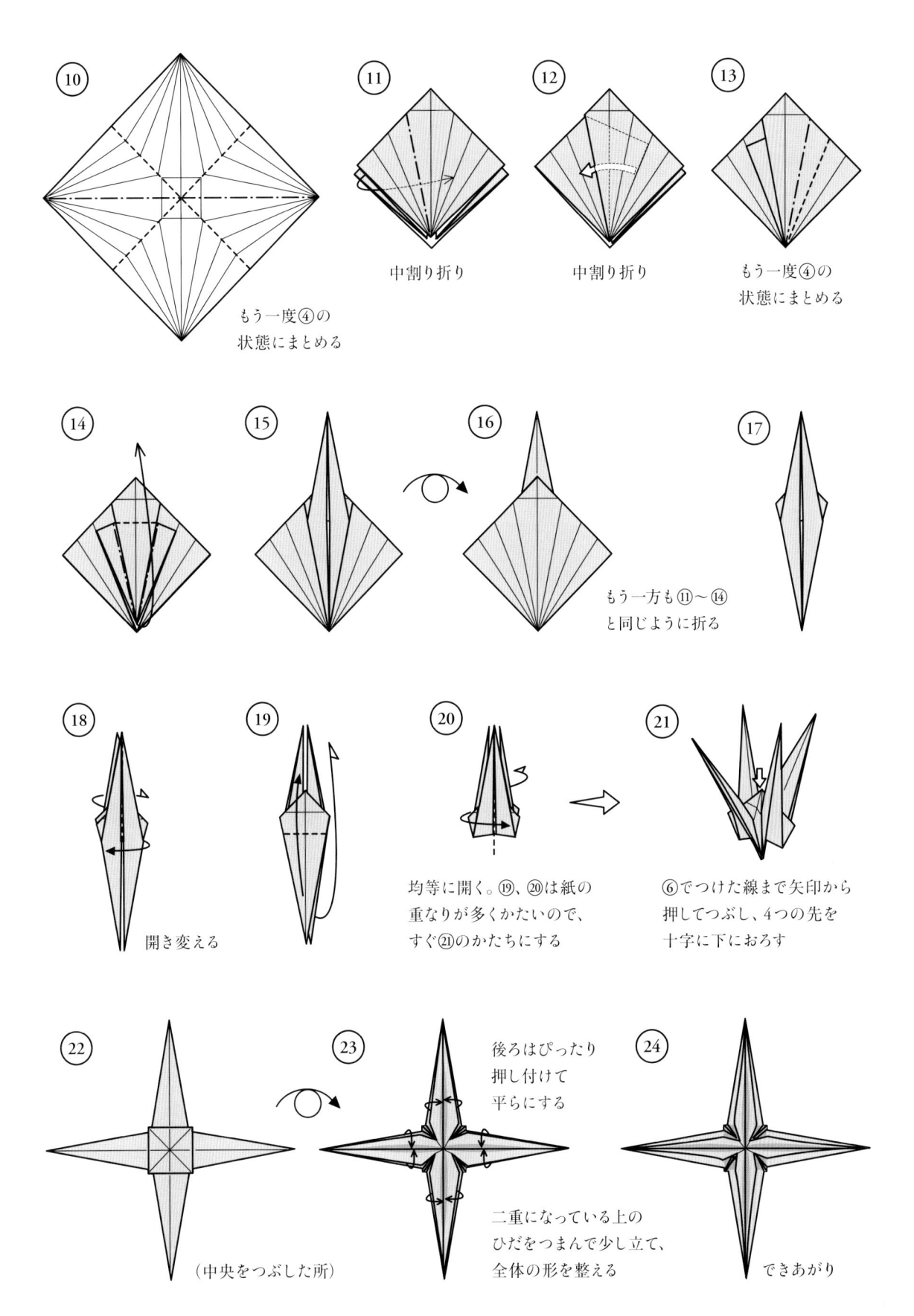

⑩ もう一度④の状態にまとめる

⑪ 中割り折り

⑫ 中割り折り

⑬ もう一度④の状態にまとめる

⑭

⑮

⑯ もう一方も⑪〜⑭と同じように折る

⑰

⑱ 開き変える

⑲

⑳ 均等に開く。⑲、⑳は紙の重なりが多くかたいので、すぐ㉑のかたちにする

㉑ ⑥でつけた線まで矢印から押してつぶし、4つの先を十字に下におろす

㉒ （中央をつぶした所）

㉓ 後ろはぴったり押し付けて平らにする

二重になっている上のひだをつまんで少し立て、全体の形を整える

㉔ できあがり

45

PART 2

アクセサリーパーツを組んで作る星

ユニットを組んで作る金星はそのままでもきれいな形ですが、
アクセサリーパーツをつけると豪華な印象に。
3種のパーツは組み合わせ方によりアレンジが広がります。
他の作品に比べると大きめなので目を引きます。

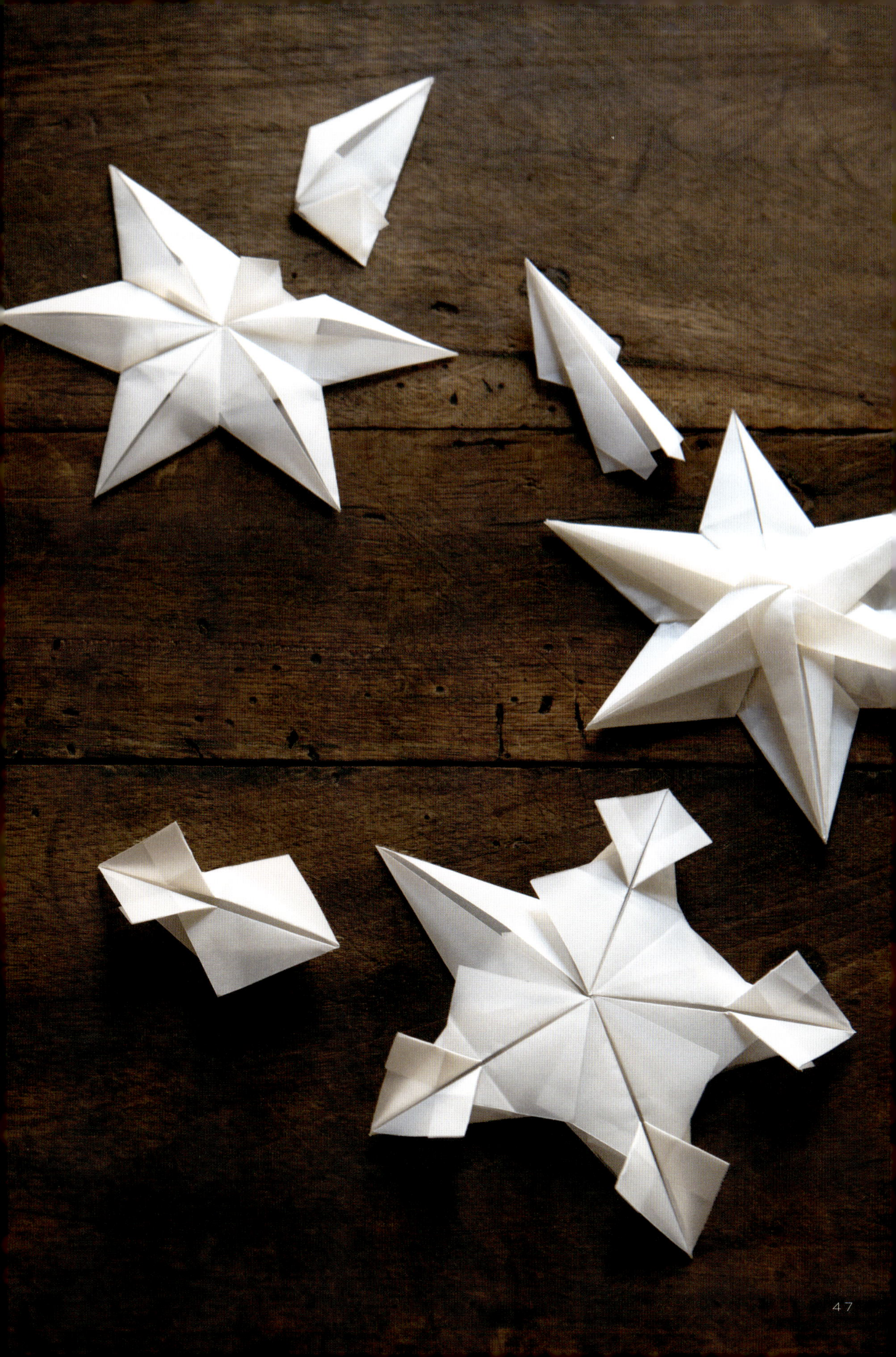

五角金星
折り方…p57

六角金星A
折り方…p63

六角金星B
折り方…p67

五角金星
+ターバン
折り方…p60

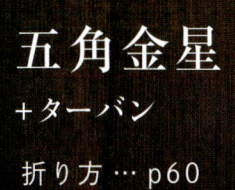

五角金星
+ともえ
折り方…p61

五角金星
+大小升
折り方…p62

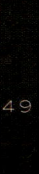

六角金星 A
+ ともえ

折り方 … p66

六角金星 A
+ ターバン

折り方 … p65

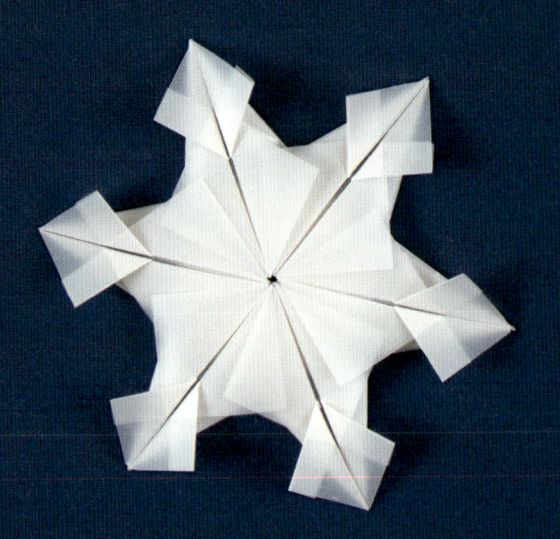

六角金星 A
+ 大小升

折り方 … p66

六角金星 B
+ターバン

折り方…p68

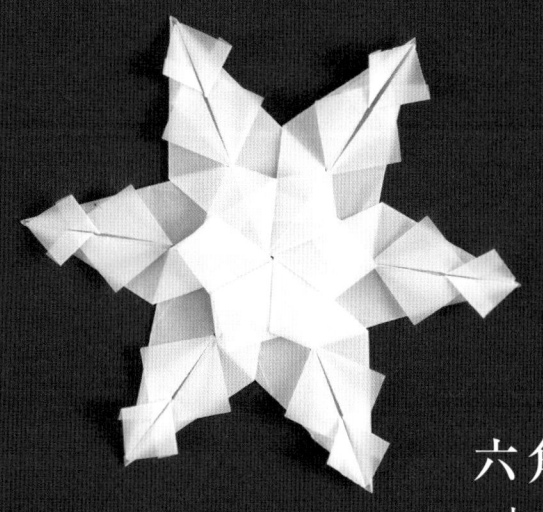

六角金星 B
+大小升

折り方…p69

DECORATION IDEA

いろいろなかたちの星が
お客様をお出迎え

椅子の背に貼れば、
誰の席かわかるかわいい目印に

アクセサリーパーツ1

ターバン

★ アクセサリーパーツを付ける
　五角金星、六角金星に合わせる

アクセサリーパーツを
組んで作る星

① ② 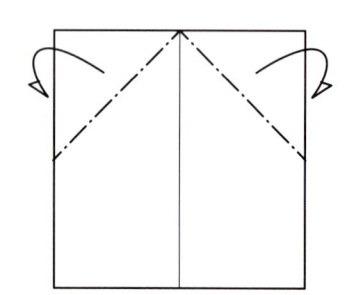 ③ 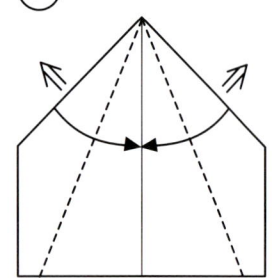 ④ 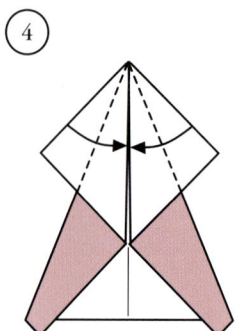 ⑤

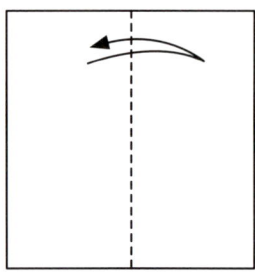

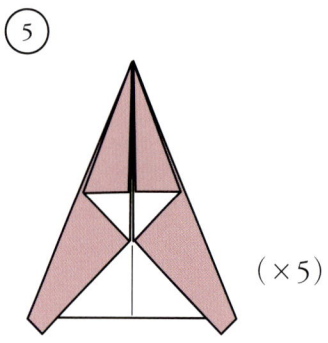

（×5）

できあがり

アクセサリーパーツ2
ともえ

★ アクセサリーパーツを付ける
　五角金星、六角金星に合わせる

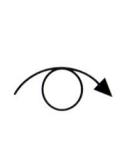

アクセサリーパーツを組んで作る星

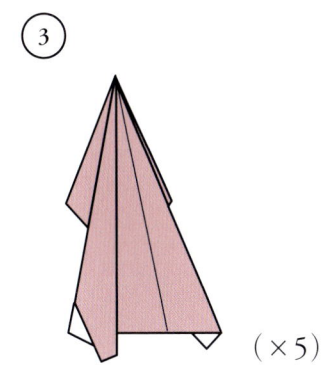

① P54の⑤から 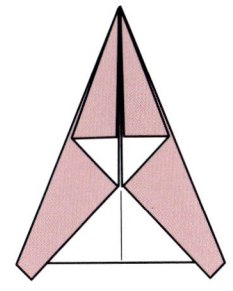
② 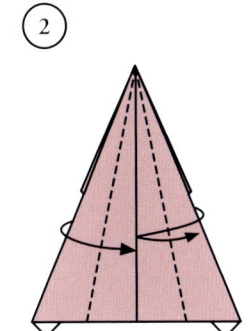
③ （×5）
できあがり

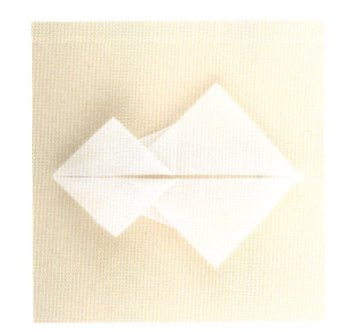

アクセサリーパーツ3
大小升

★ アクセサリーパーツを付ける
　五角金星、六角金星に合わせる

アクセサリーパーツを組んで作る星

① 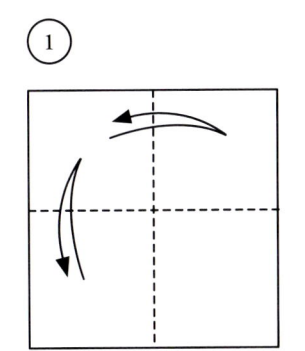
② 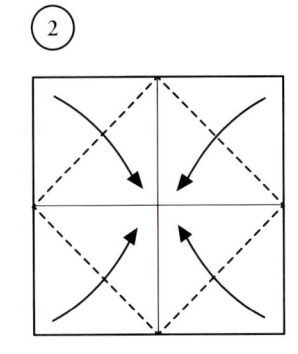
③ △印まで折る。下は、はね出す

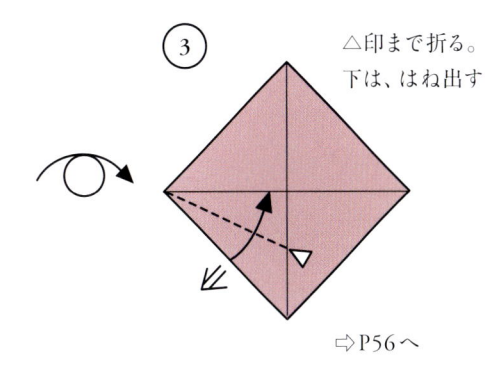

⇨P56へ

④　　　　　　　　　　　⑤　　　　　　　　　　　⑥

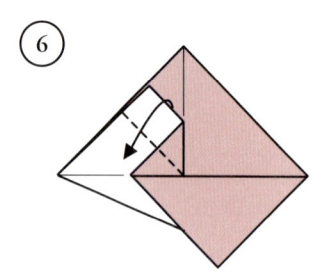

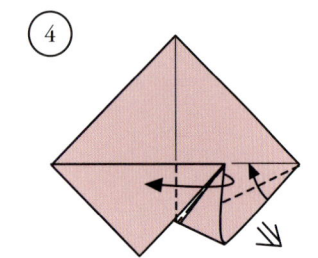

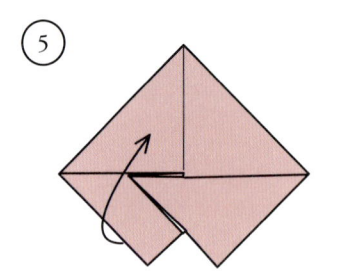

　　　　　　　　　　　　間を通して1枚開く

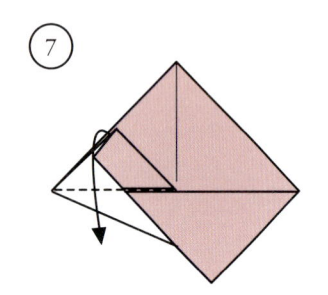

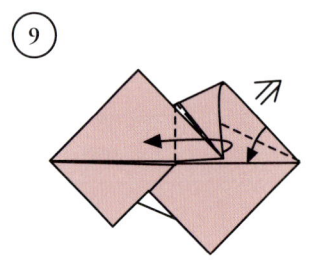

⑦　　　　　　　　　　　⑧　　　　　　　　　　　⑨

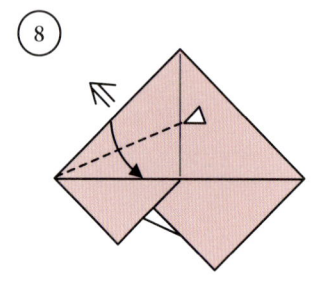

　　　　　　　　　　　△印まで折る。
　　　　　　　　　　　下は、はね出す

⑩　　　　　　　　　　　⑪　　　　　　　　　　　⑫

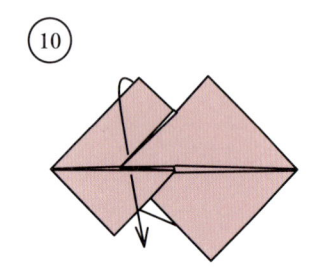

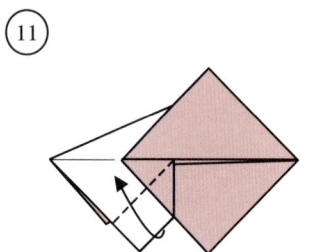

間を通して1枚開く

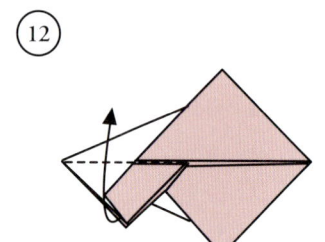

⑬

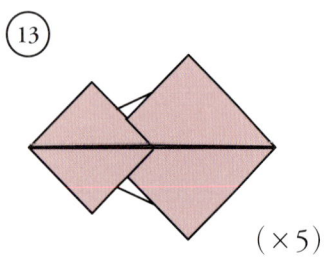

　　　　　（×5）
できあがり

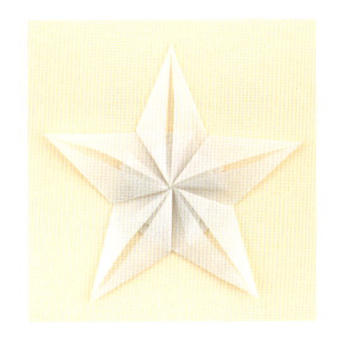

五角金星

★ 7.5cm×7.5cm が基準

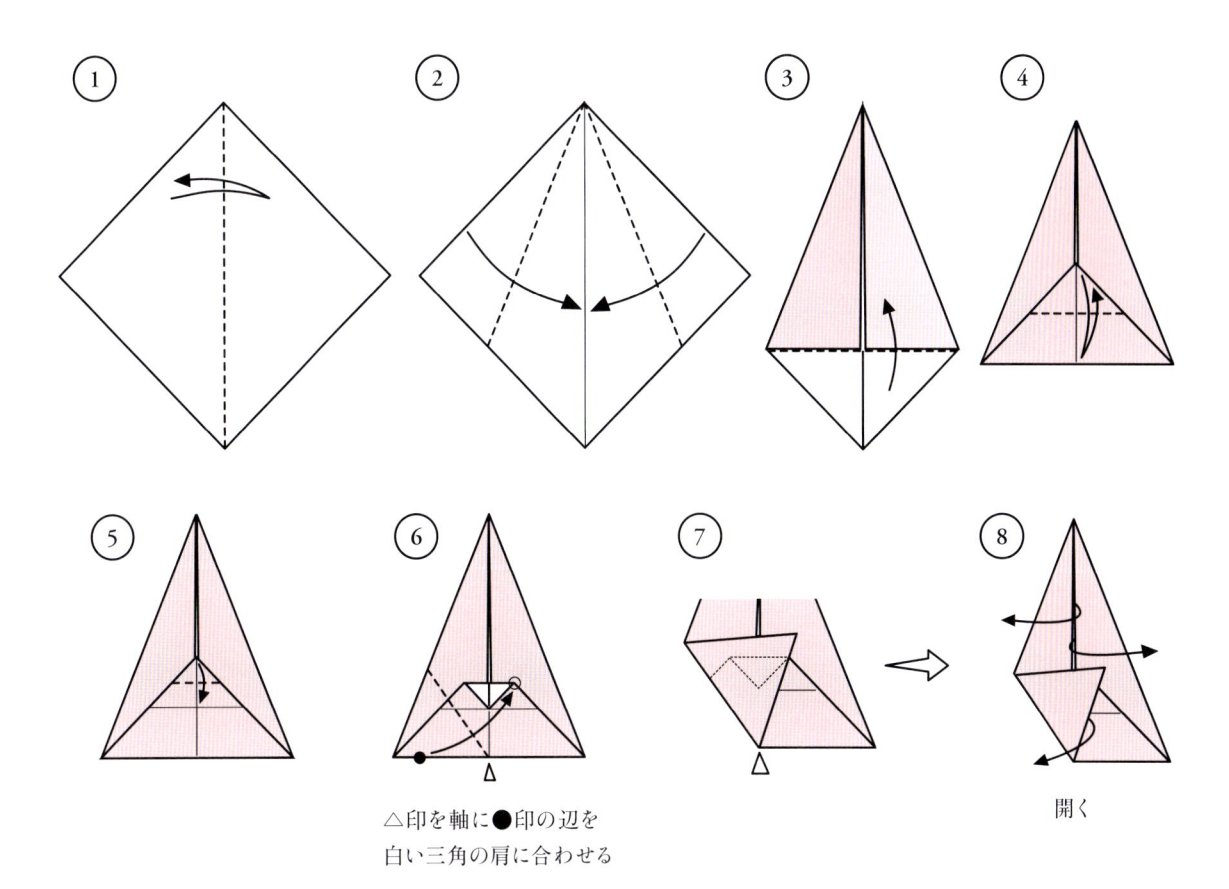

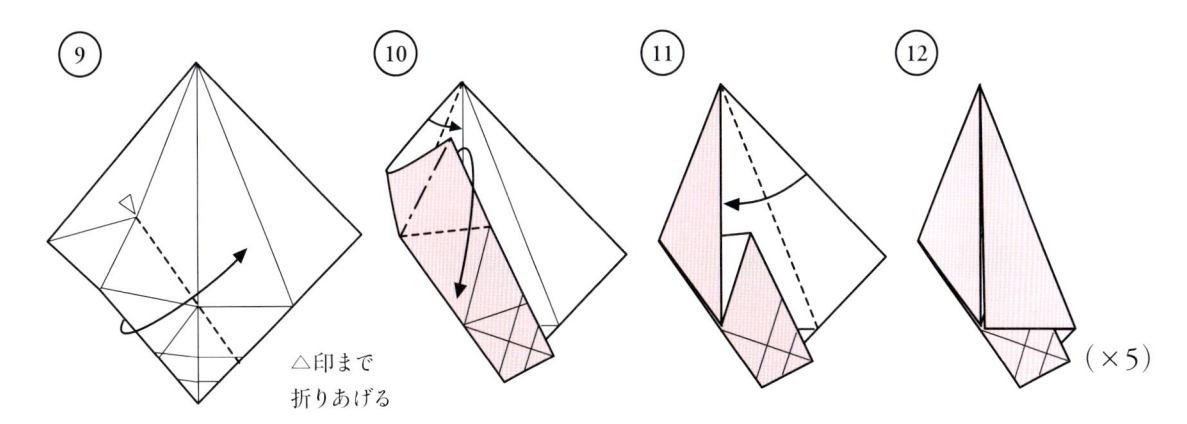

アクセサリーパーツを組んで作る星

① ② ③ ④ ⑤

⑥ △印を軸に●印の辺を白い三角の肩に合わせる

⑦ ⑧ 開く

⑨ △印まで折りあげる

⑩ ⑪ ⑫ (×5)

57

組み方

① ○印が重なるように

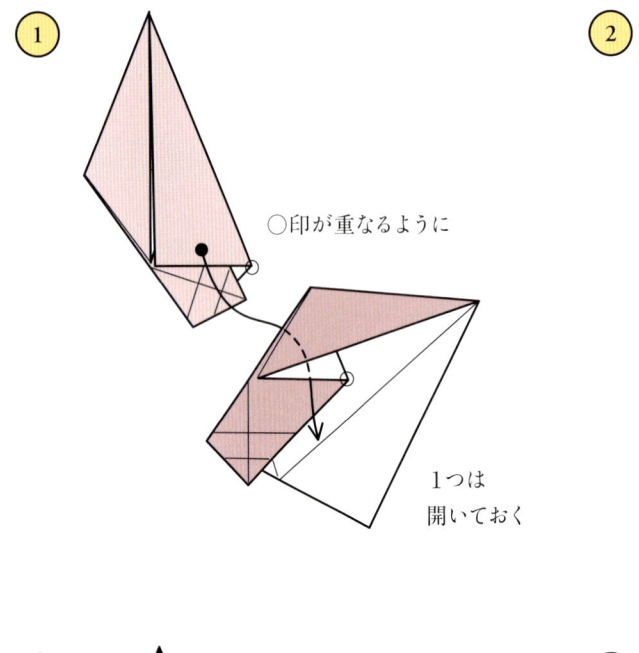

1つは開いておく

② はさんでとめる

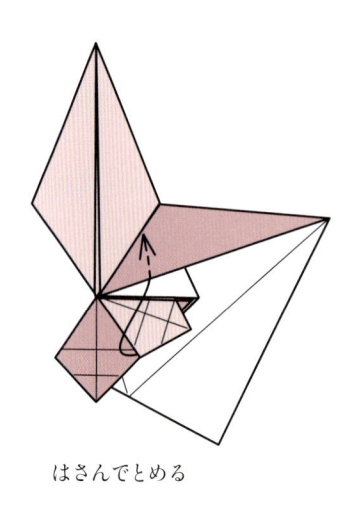

③

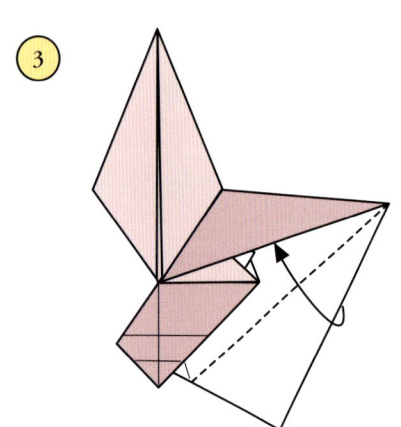

④ 同じ要領で5枚を組む

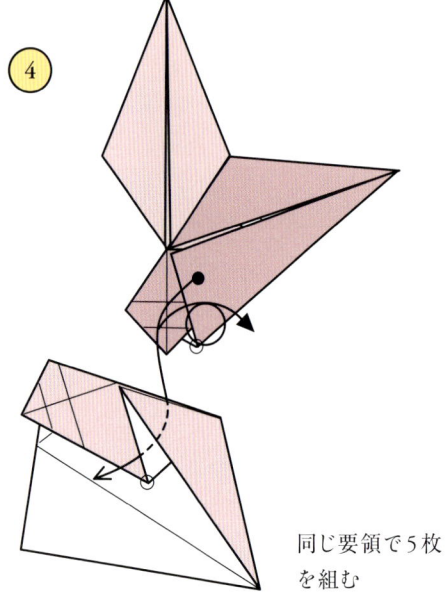

⑤

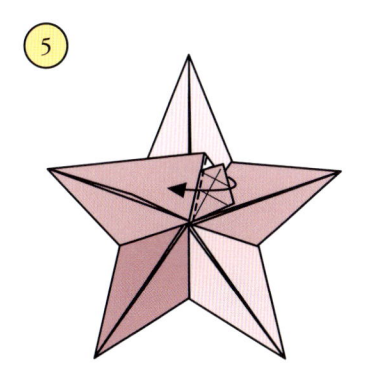

最後のユニットは
組んだら先を折る

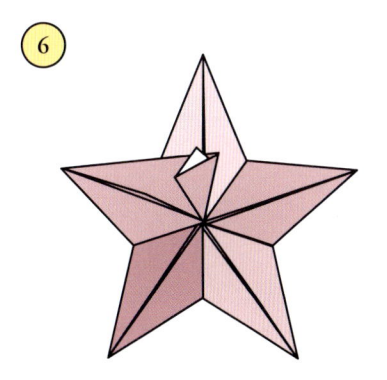

⑥

最初のユニットを少し開いて
先を引き出し、5枚目のユニットの
⑤で折った部分に差しこむ

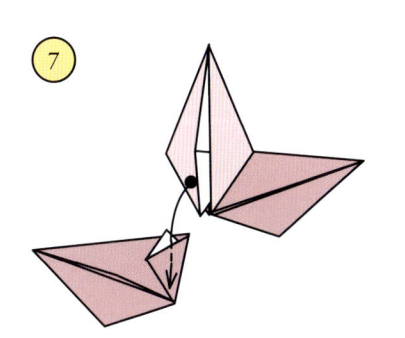

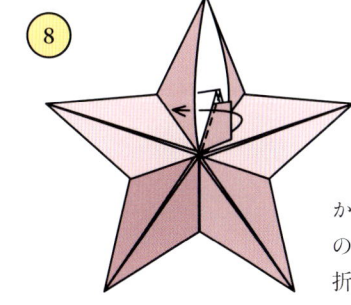

⑦

⑧

かどが合ったら、5枚目
のユニットの先を改めて
折り、はさんでとめる

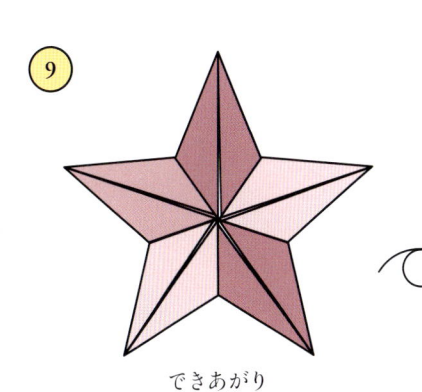

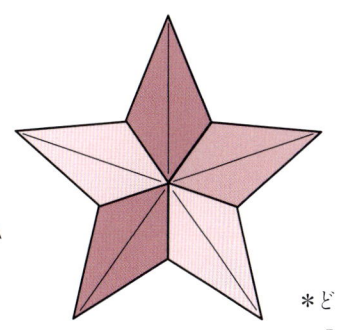

⑨

できあがり

＊どちらが表という
　ことはない

五角金星 + ターバン

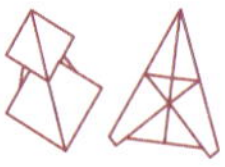

アクセサリーパーツ … ターバン（P54）

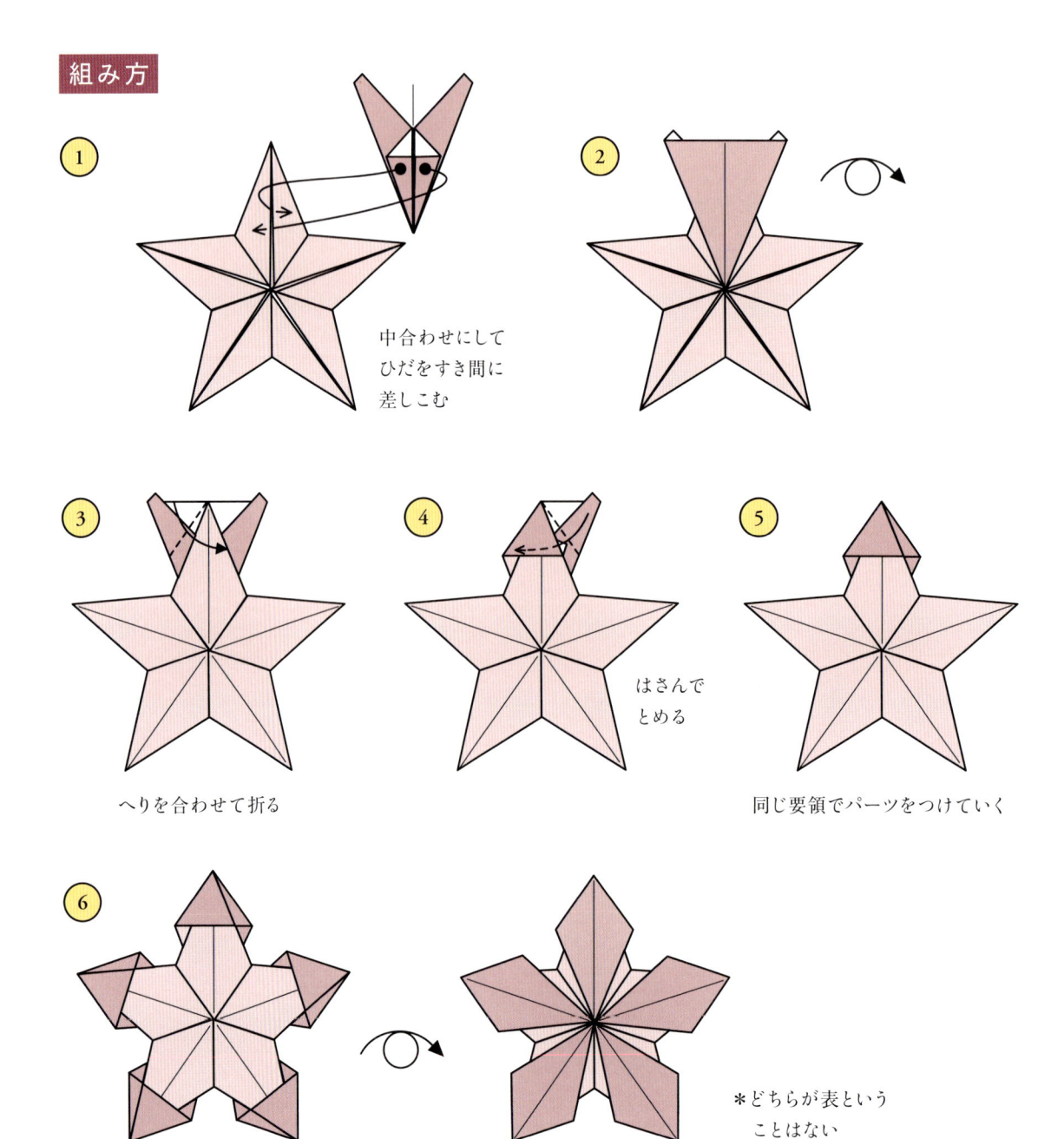

アクセサリーパーツを
組んで作る星

組み方

① 中合わせにして ひだをすき間に 差しこむ

②

③ へりを合わせて折る

④ はさんで とめる

⑤ 同じ要領でパーツをつけていく

⑥ できあがり

＊どちらが表ということはない

五角金星 + ともえ

アクセサリーパーツ … ともえ（P55）

アクセサリーパーツを
組んで作る星

組み方

① ひだをすき間に差しこむ

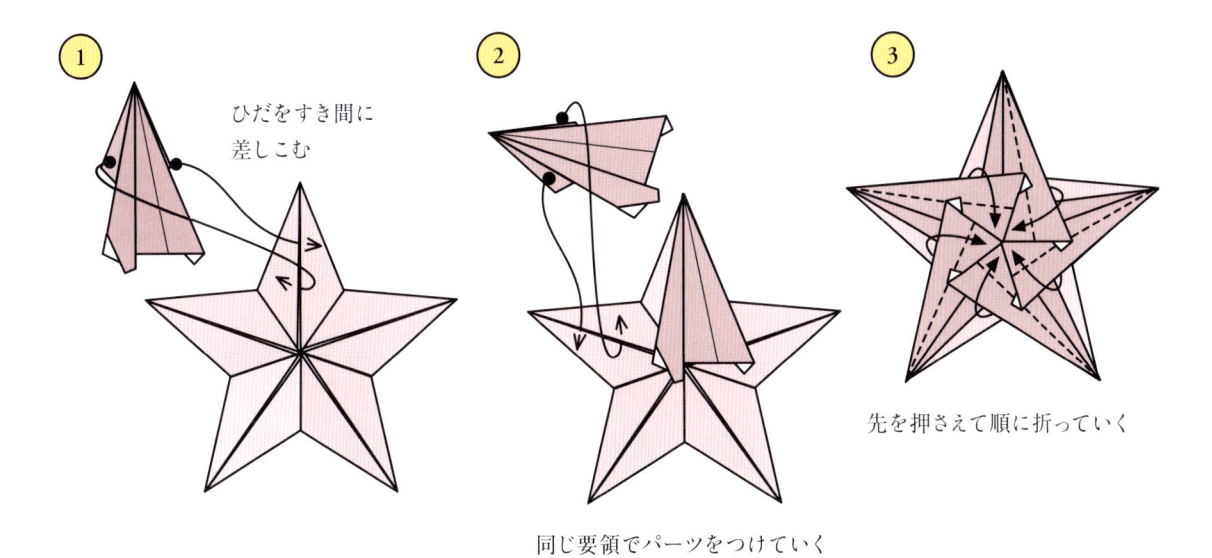

② 同じ要領でパーツをつけていく

③ 先を押さえて順に折っていく

④ 3つ目を折るところ。前に折ったものの先を押さえるように折る

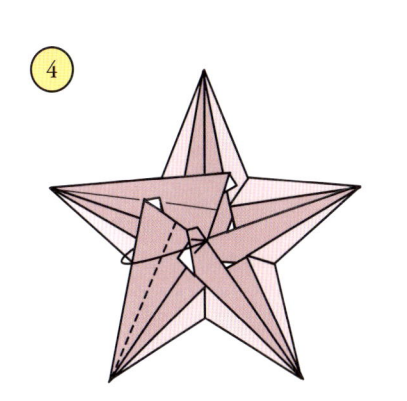

⑤ 最後は、はさんでとめる

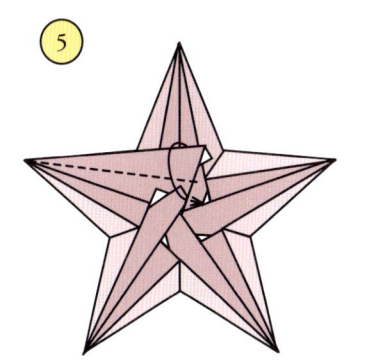

⑥ できあがり

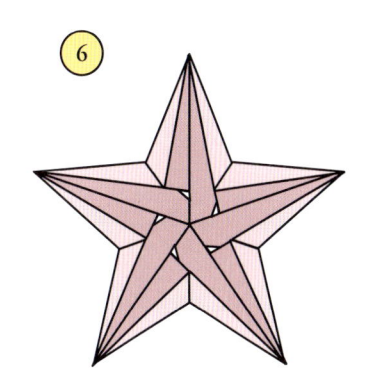

61

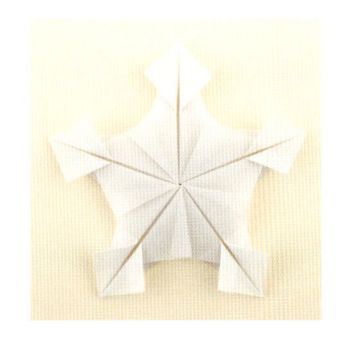

五角金星 + 大小升

アクセサリーパーツ … 大小升（P55）

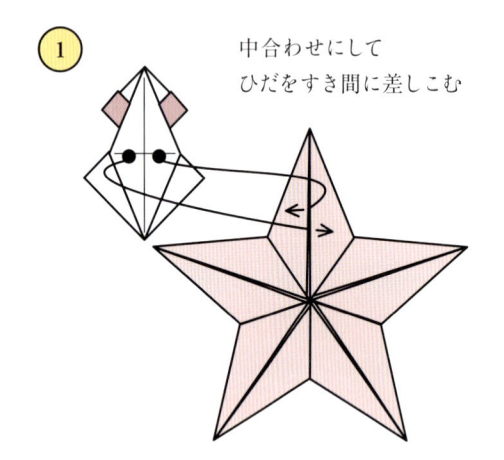

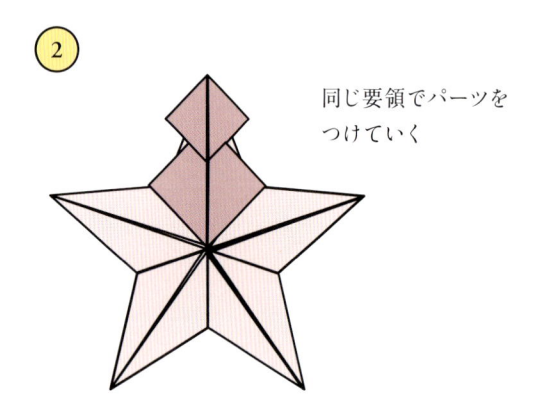

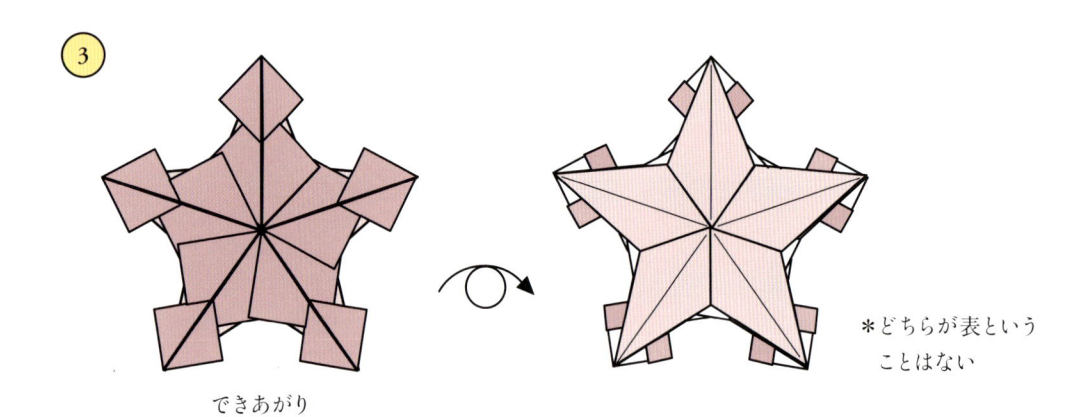

アクセサリーパーツを
組んで作る星

組み方

① 中合わせにして
ひだをすき間に差しこむ

② 同じ要領でパーツを
つけていく

③ できあがり

＊どちらが表という
ことはない

六角金星 A

★ 7.5cm×7.5cmが基準

アクセサリーパーツを組んで作る星

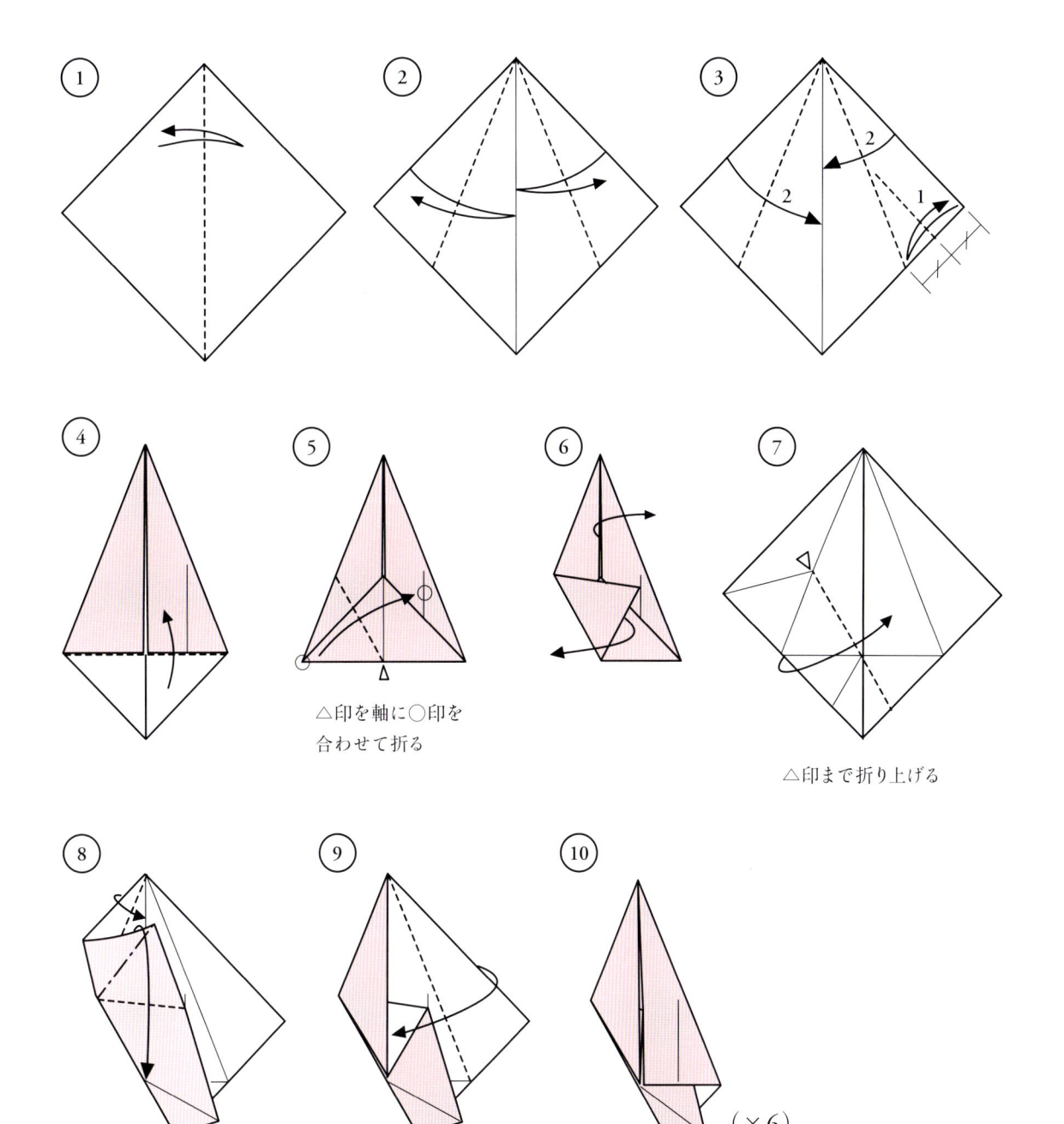

⑤ △印を軸に○印を合わせて折る

⑦ △印まで折り上げる

⑩ (×6)

組み方

① 一方は開いておく

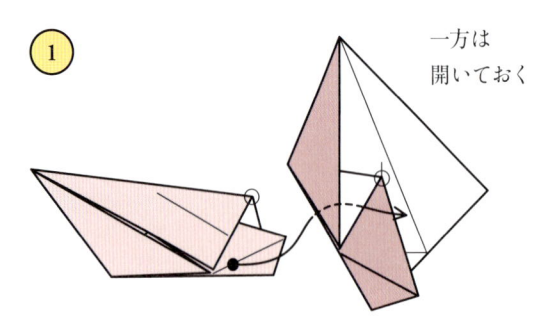

○印が重なるように差しこむ

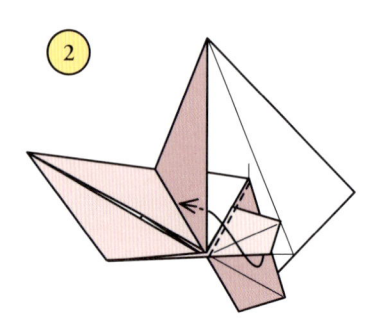

② はさんでとめる紙が厚いと線がきっちり合わないが問題ない

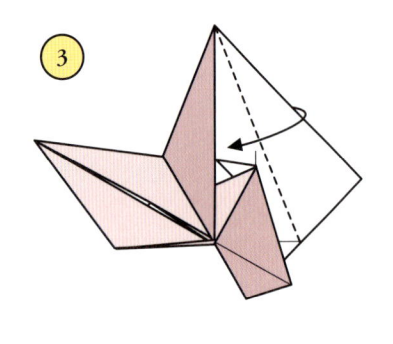

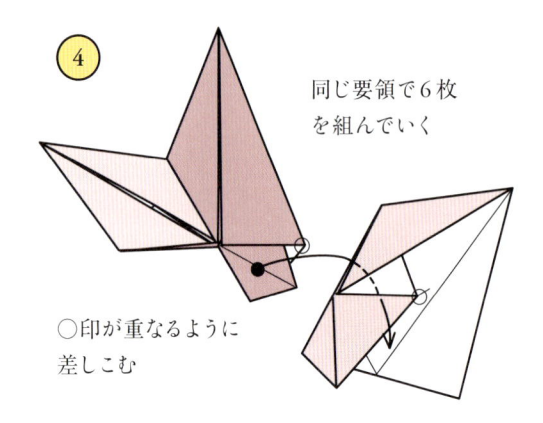

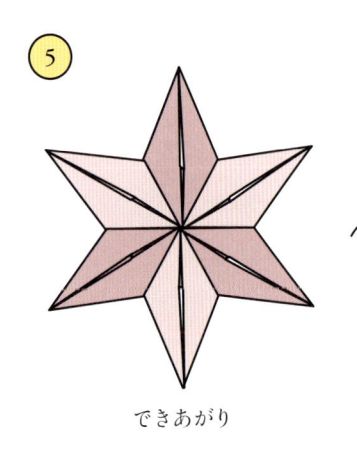

③

④ 同じ要領で6枚を組んでいく

○印が重なるように差しこむ

⑤

できあがり

＊どちらが表ということはない

六角金星A + ターバン

アクセサリーパーツ … ターバン（P54）

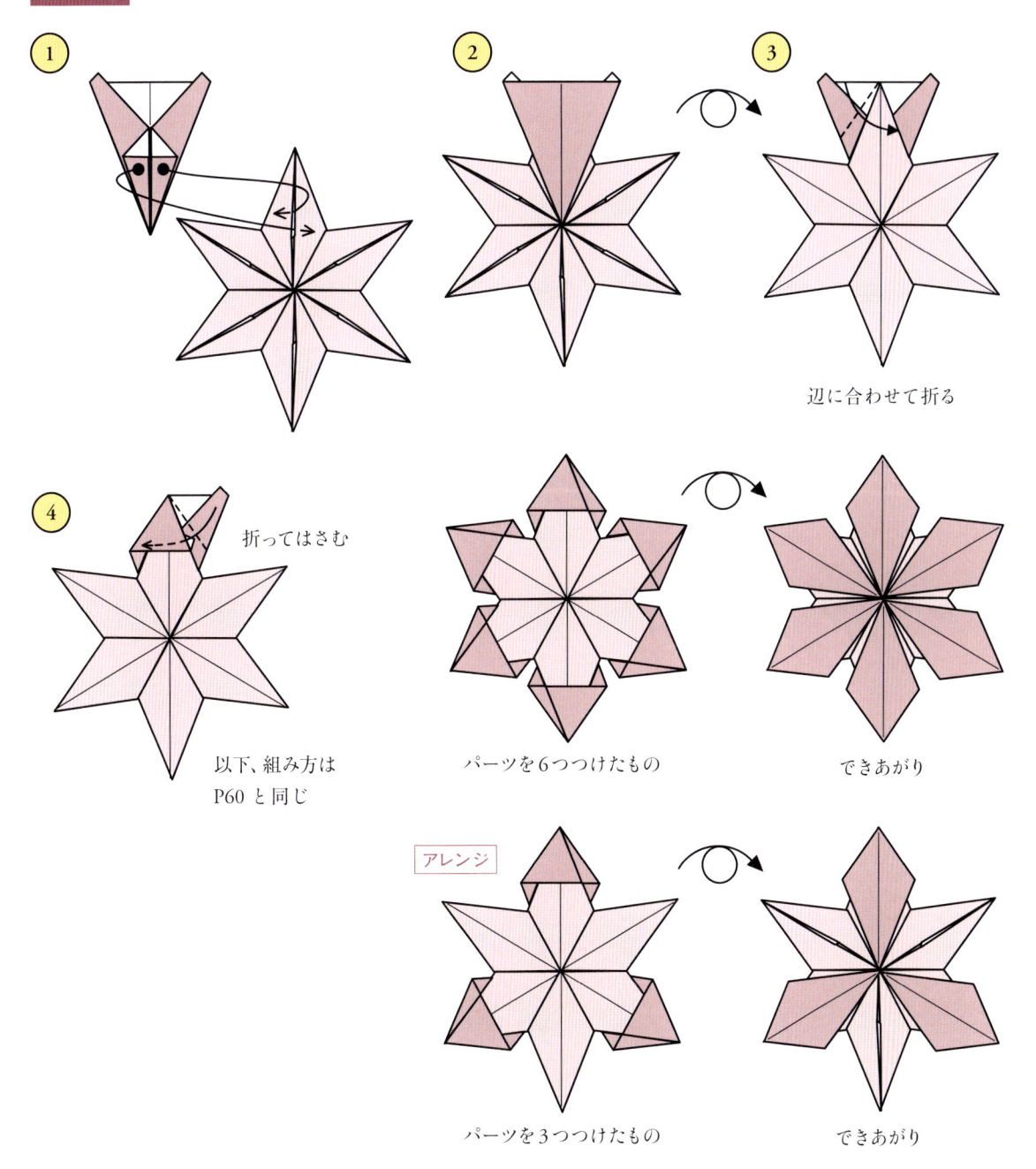

アクセサリーパーツを組んで作る星

組み方

1.
2.
3. 辺に合わせて折る
4. 折ってはさむ

以下、組み方はP60と同じ

パーツを6つつけたもの

できあがり

アレンジ

パーツを3つつけたもの

できあがり

六角金星A＋ともえ

アクセサリーパーツ…ともえ（P55）

アクセサリーパーツを組んで作る星

組み方

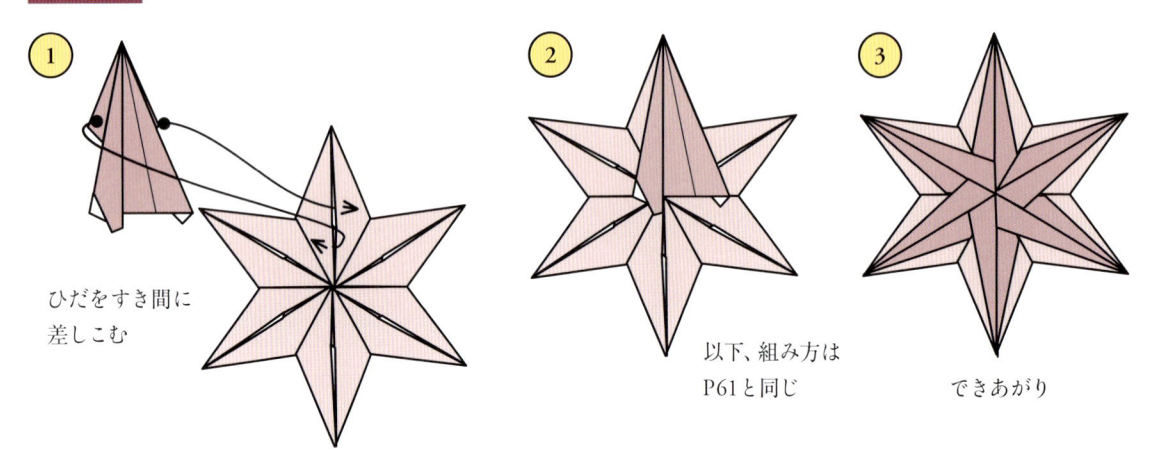

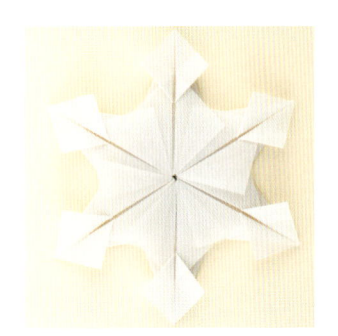

① ひだをすき間に差しこむ

② 以下、組み方はP61と同じ

③ できあがり

六角金星A＋大小升

アクセサリーパーツ…大小升（P55）

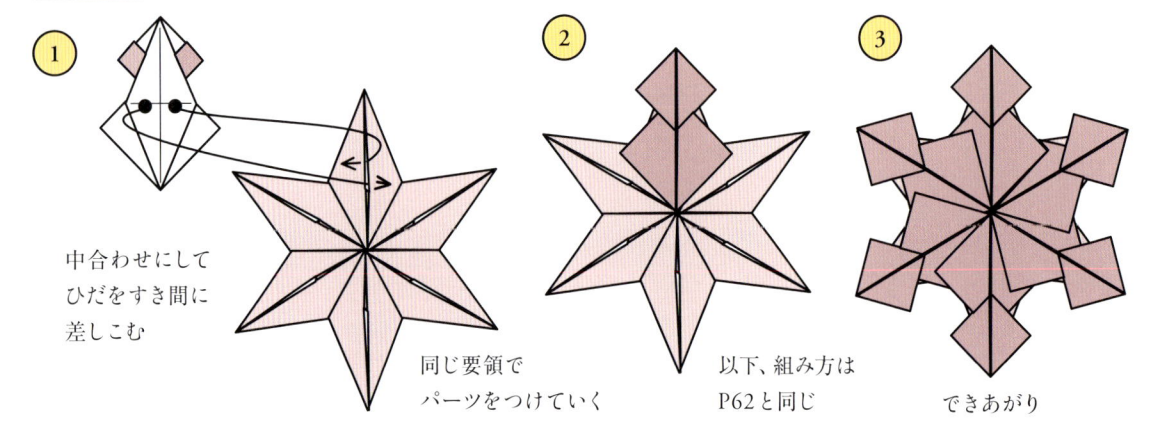

アクセサリーパーツを組んで作る星

組み方

① 中合わせにしてひだをすき間に差しこむ

② 同じ要領でパーツをつけていく

③ 以下、組み方はP62と同じ

できあがり

六角金星 B

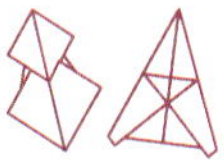

★ 7.5cm×7.5cm が基準

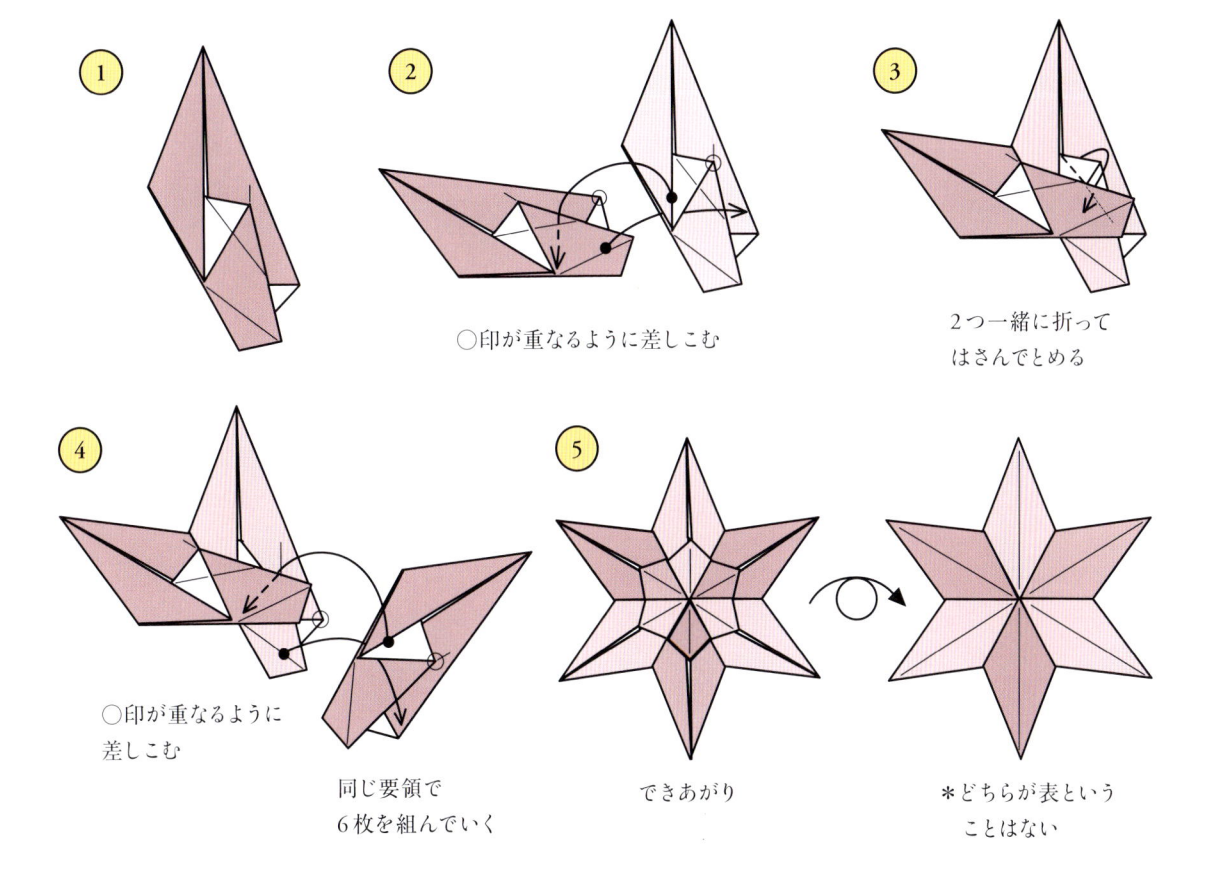

アクセサリーパーツを組んで作る星

P63⑨から

① ②

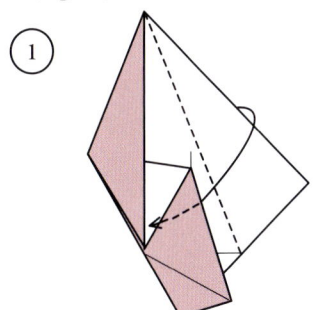

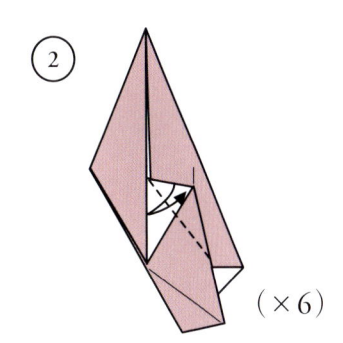

(×6)

組み方

① ② ○印が重なるように差しこむ ③ 2つ一緒に折ってはさんでとめる

④ ○印が重なるように差しこむ
同じ要領で6枚を組んでいく

⑤ できあがり

＊どちらが表ということはない

六角金星B+ターバン

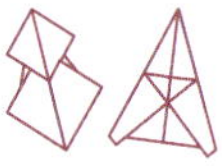

アクセサリーパーツ … ターバン（P54）

アクセサリーパーツを
組んで作る星

組み方

① パーツの寸法どり

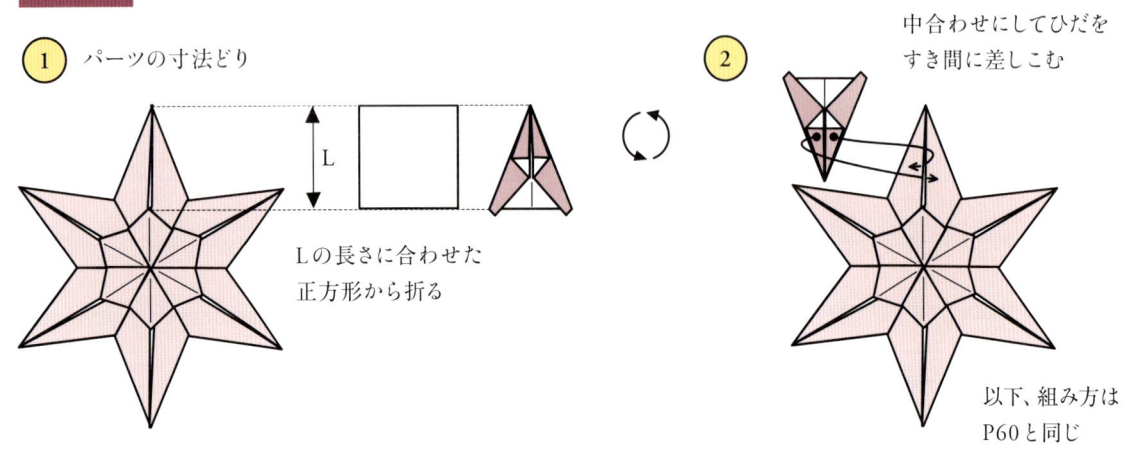

Lの長さに合わせた
正方形から折る

② 中合わせにしてひだを
すき間に差しこむ

以下、組み方は
P60と同じ

③

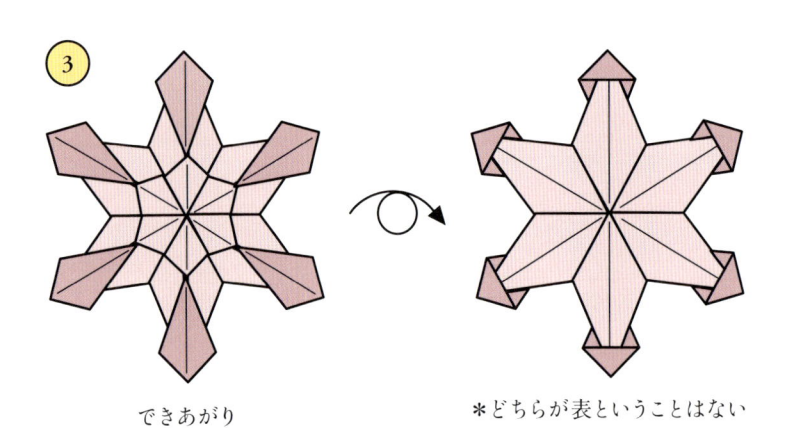

できあがり

＊どちらが表ということはない

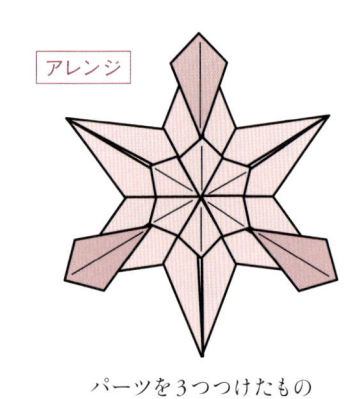

アレンジ

パーツを3つつけたもの

六角金星B+大小升

アクセサリーパーツ … 大小升（P55）

アクセサリーパーツを
組んで作る星

組み方

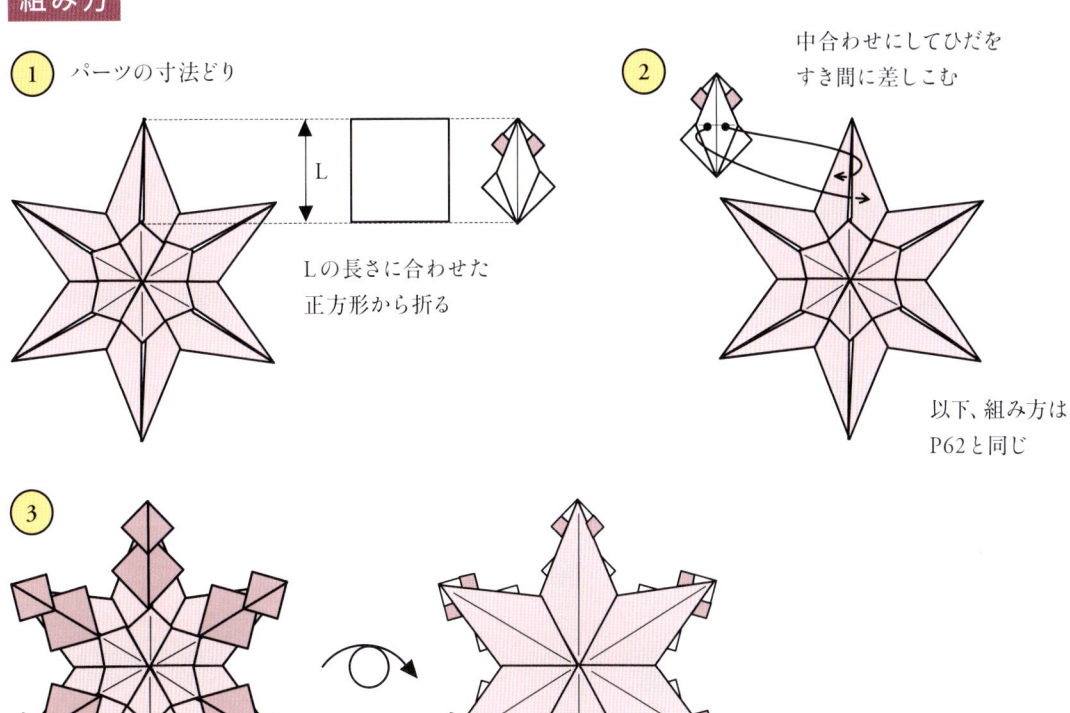

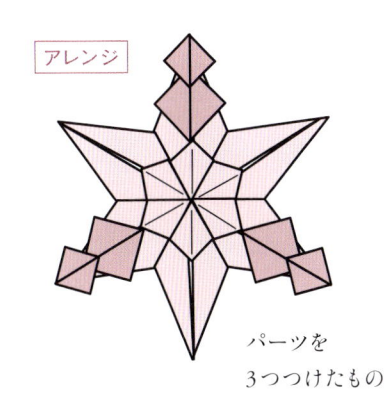

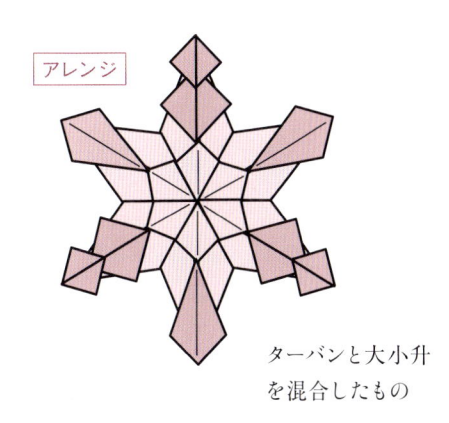

① パーツの寸法どり

Lの長さに合わせた
正方形から折る

② 中合わせにしてひだを
すき間に差しこむ

以下、組み方は
P62と同じ

③ できあがり

＊どちらが表という
ことはない

アレンジ
パーツを
3つつけたもの

アレンジ
ターバンと大小升
を混合したもの

69

PART 3
正五角形の紙から作る星

切ったりせず、折るだけで正五角形の紙から星が作れます。
途中まで折り方が同じでも、
最後に折る場所や中央部分のまとめ方を変えると違う作品に。
バリエーションが豊富で折りがいがあります。

71

五芒星 1

折り方…p82

五芒星 2

折り方…p84

五角花星 D
折り方…p89

五角花星 C
折り方…p88

五角花星 B
折り方…p87

五角花星 A
折り方…p86

五角花星 E
折り方…p89

銀星 1

折り方…p90

銀星 2

折り方…p93

銀星 3

折り方…p94

笠銀星 A
折り方…p95

笠銀星 B
折り方…p97

DECORATION IDEA

同じくらいの大きさの星を
つないだドアノブの飾り

箱に貼り付ければ、
プレゼントの
アレンジにぴったり

小さな銀星に
見守られながら、
おやすみなさい

正五角形の切り出し

正方形のおりがみを折りたたみ、余分な部分を切ると正五角形の紙が作れます。

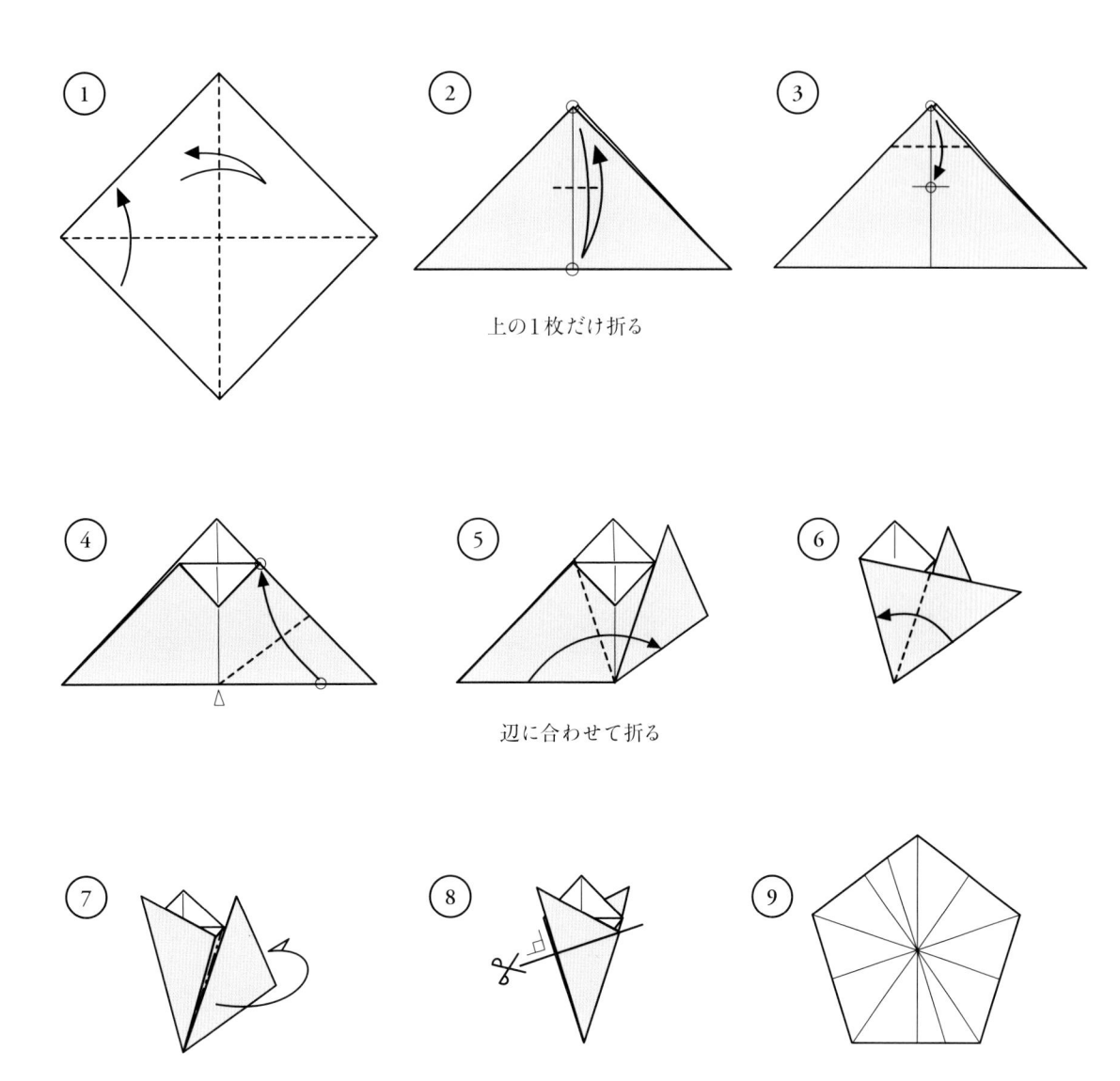

① ②　上の1枚だけ折る ③

④ ⑤　辺に合わせて折る ⑥

⑦ ⑧ ⑨

五芒星 1

★ 15cm×15cmから切り出す

正五角形の紙から作る星

① 折り線通りにまとめる

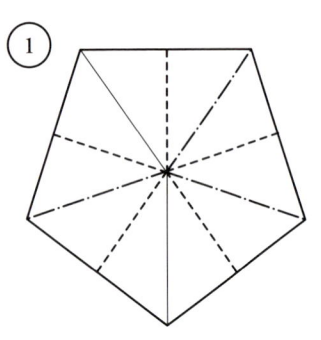

② いったん開く

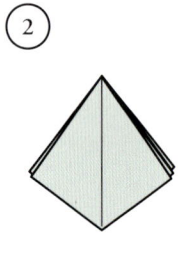

③ 図のような折り線をつける

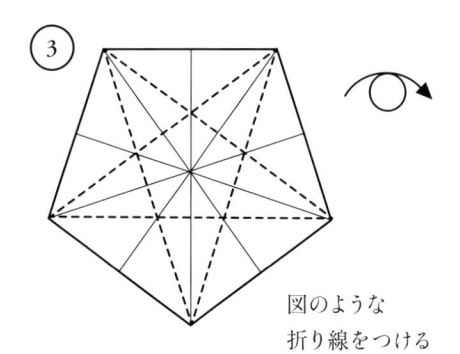

④

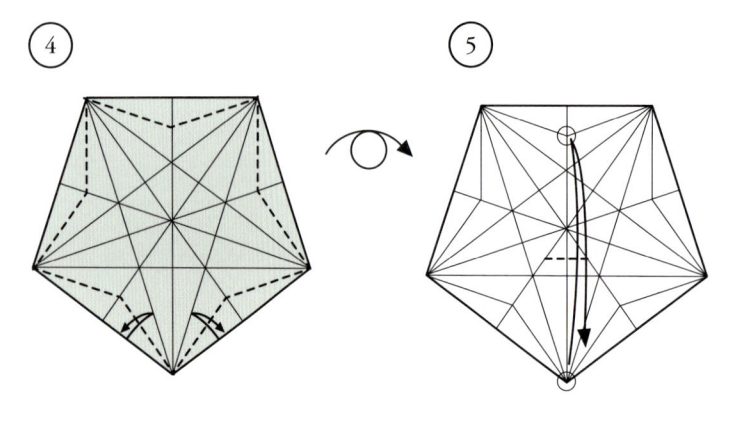

⑤

⑥ 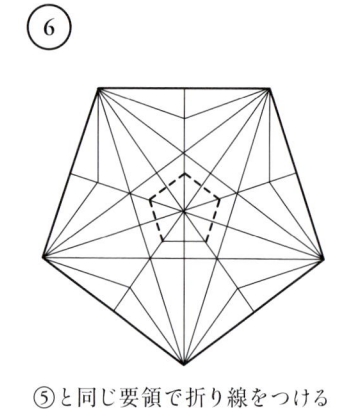 ⑤と同じ要領で折り線をつける

⑦ ②の状態に戻す

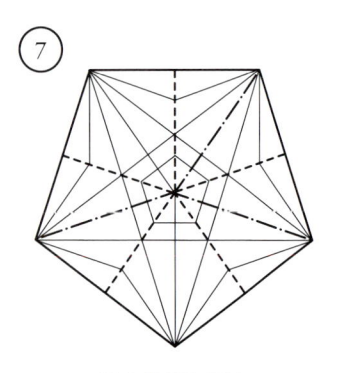

⑧ 2回中割り折り

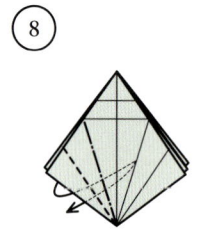

⑨ あと4カ所を2回中割り折り

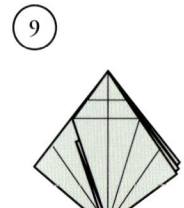

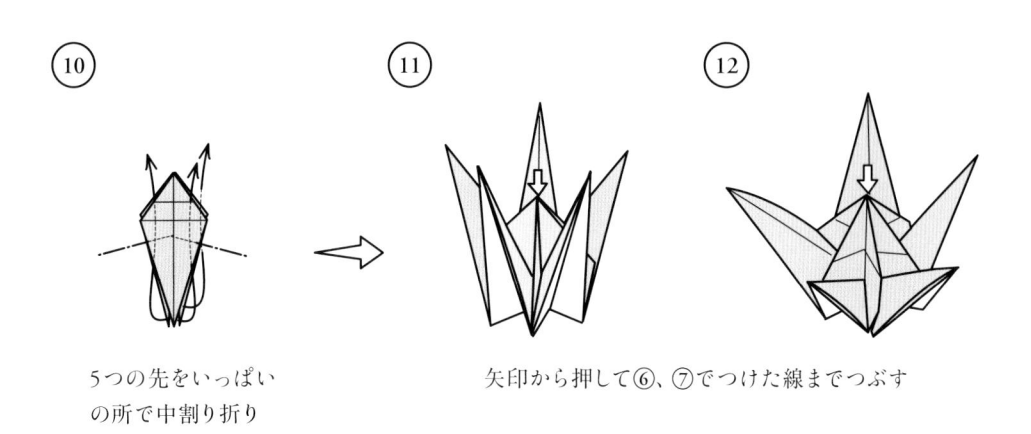

⑩

5つの先をいっぱい
の所で中割り折り

⑪

矢印から押して⑥、⑦でつけた線までつぶす

⑫

⑬

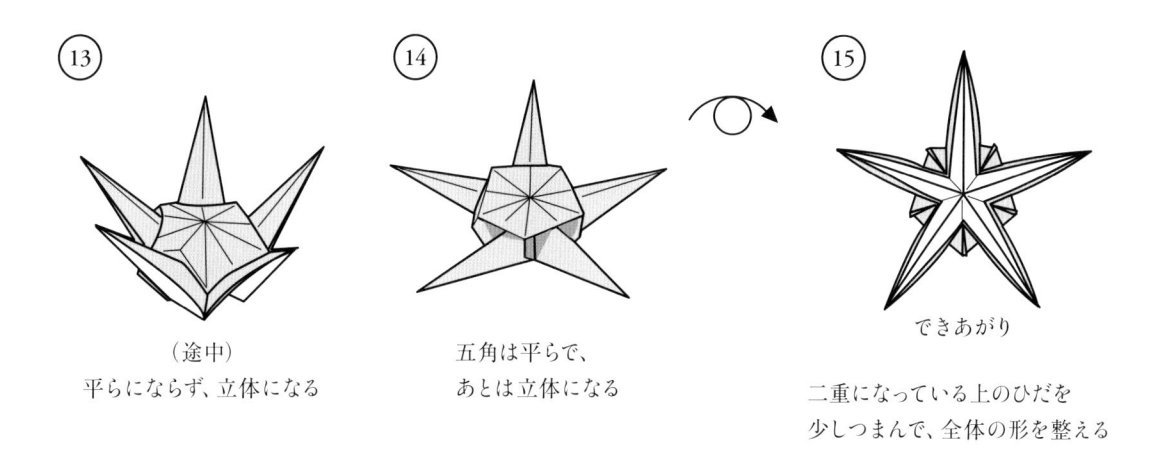

（途中）
平らにならず、立体になる

⑭

五角は平らで、
あとは立体になる

⑮

できあがり

二重になっている上のひだを
少しつまんで、全体の形を整える

五芒星2

★ 15cm×15cmから切り出す

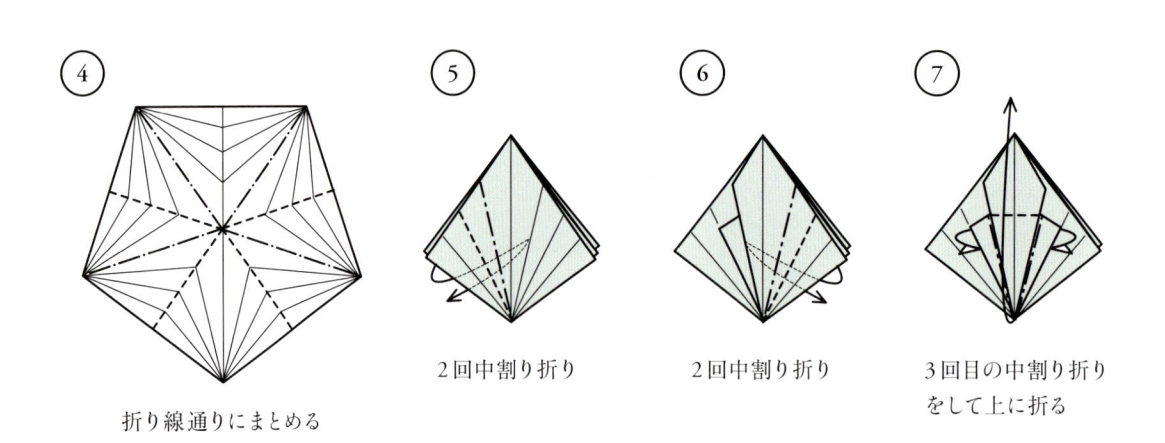

正五角形の
紙から
作る星

① P82③から

図のような折り線をつける

②

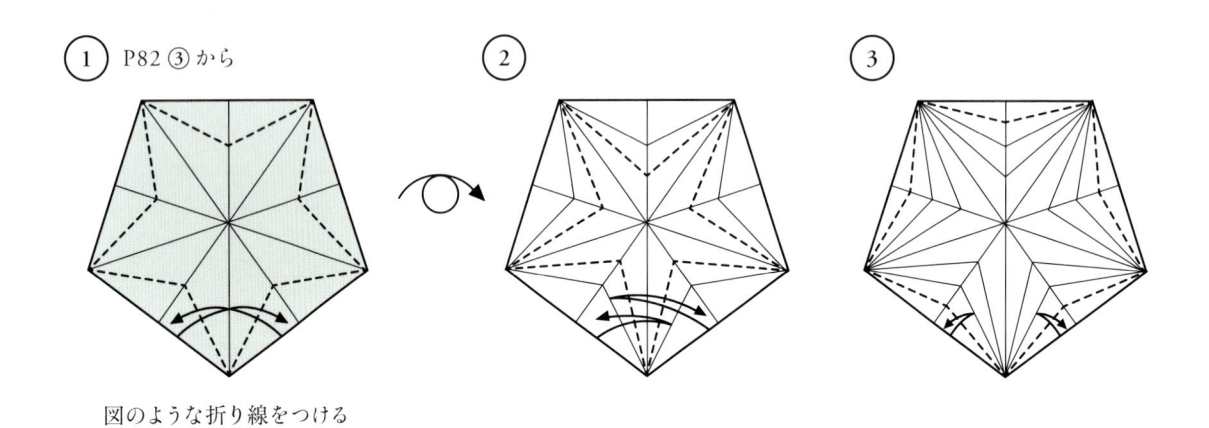

③

④

折り線通りにまとめる

⑤

2回中割り折り

⑥

2回中割り折り

⑦

3回目の中割り折り
をして上に折る

⑧

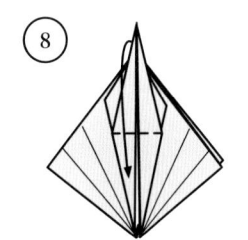

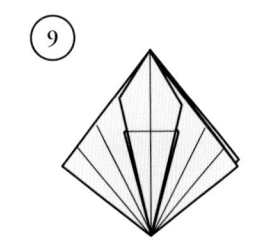

⑨

あと3カ所を⑤～⑧と
同じように折る

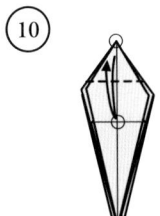

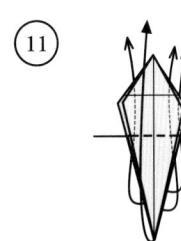

⑩

⑪

5つの先を上に
中割り折り

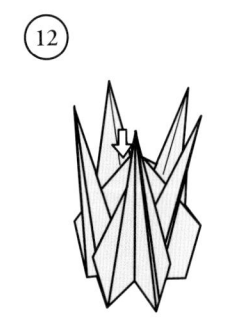

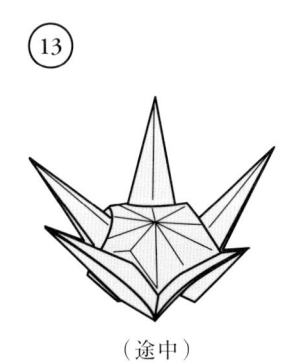

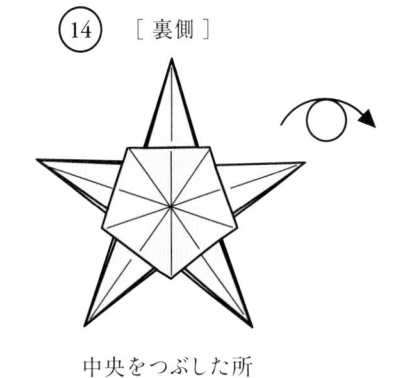

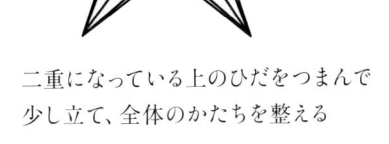

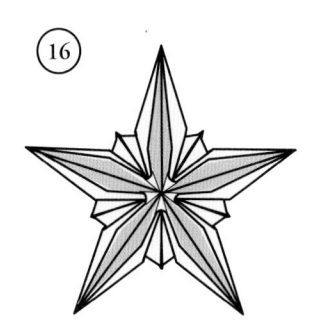

⑫

⑬

(途中)

⑭ ［裏側］

中央をつぶした所

⑮

後ろはぴったり
押し付けて平らにする

二重になっている上のひだをつまんで
少し立て、全体のかたちを整える

⑯

できあがり

85

五角花星 A

★ 15cm×15cmから切り出す

正五角形の紙から作る星

① ② 図のような折り線をつける ③ 折り線通りにまとめる

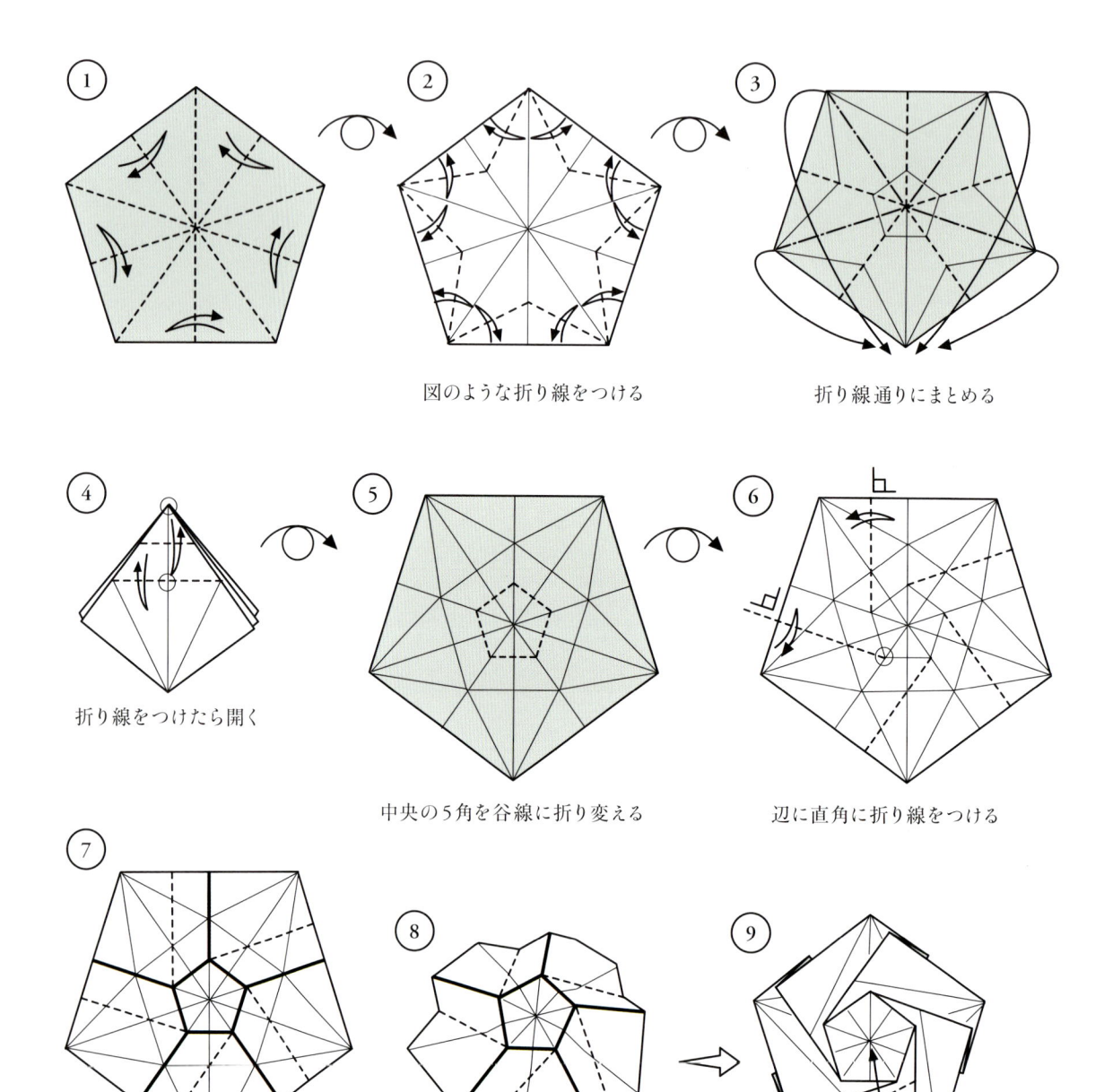

④ 折り線をつけたら開く ⑤ 中央の5角を谷線に折り変える ⑥ 辺に直角に折り線をつける

⑦ 太線を山線にしてつまみ、中央をテーブルのように平らに持ち上げる

⑧ ひだをねじってたたみ、全体を平らにする

⑨

⑩

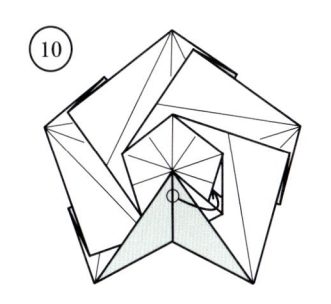

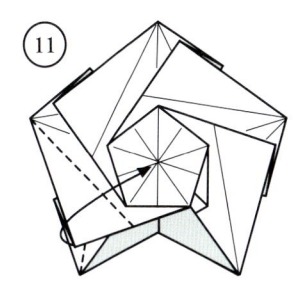

⑪

同じようにあと4カ所折る

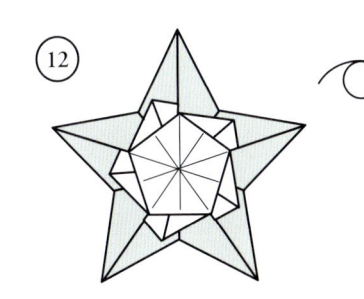

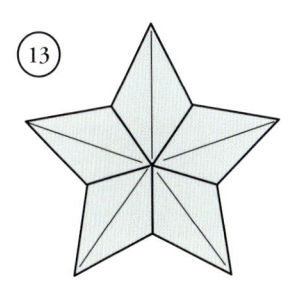

⑫

⑬

できあがり

五角花星B

★ 15cm×15cmから切り出す

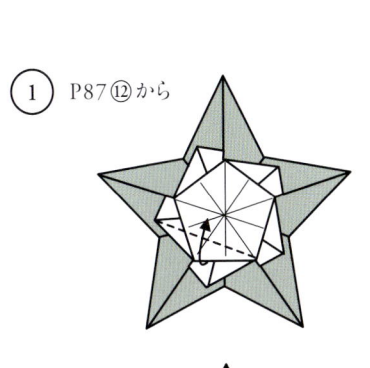

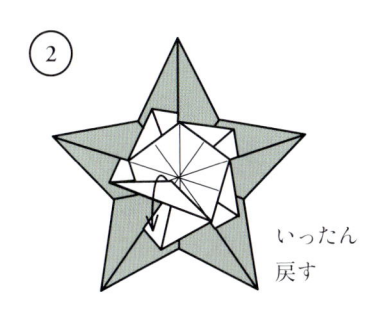

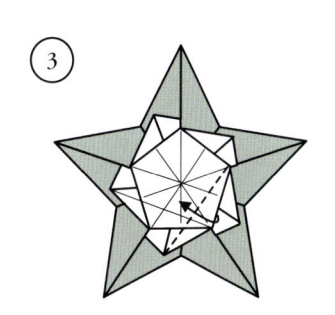

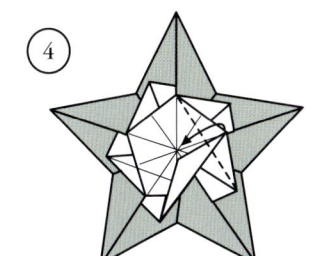

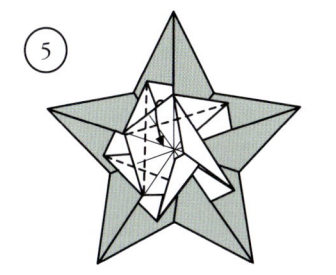

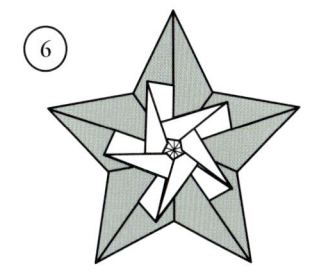

正五角形の
紙から
作る星

① P87⑫から

②
いったん
戻す

③

④

⑤

⑥

順に折り、最後は初めにつけた線で折る

できあがり

87

五角花星 C

★ 15cm×15cmから切り出す

正五角形の紙から作る星

① P87⑫から

かどをつまんで中心に合わせて折る

②

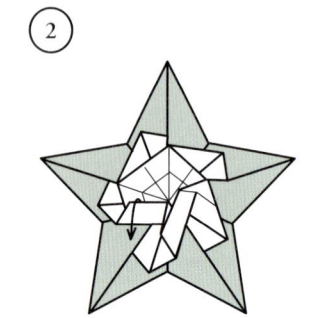

いったん戻す

③

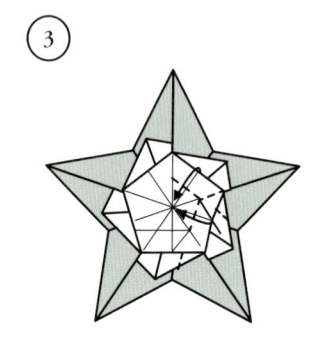

④

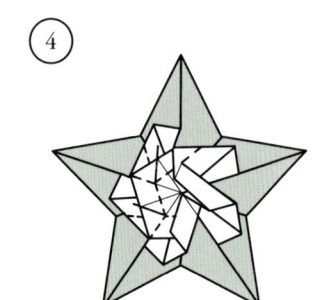

順にかどをつまんで中心に合わせて折る

⑤

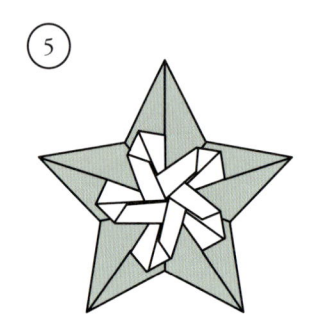

できあがり

五角花星 D

★ 15cm×15cmから切り出す

正五角形の紙から作る星

① P88⑤から

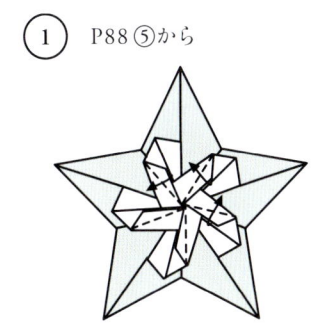

Cのひだをさらに折る

②

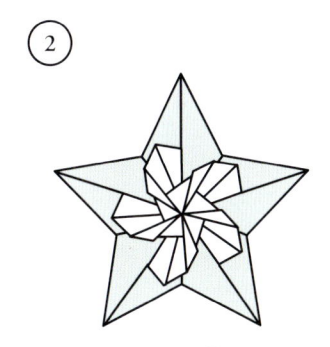

できあがり

五角花星 E

★ 15cm×15cmから切り出す

正五角形の紙から作る星

① P87⑫から

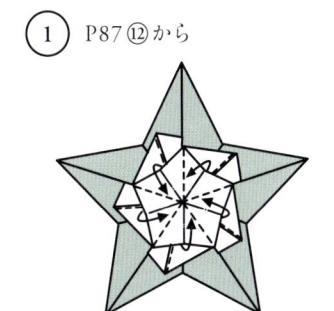

中央にひだを寄せて立てる

②

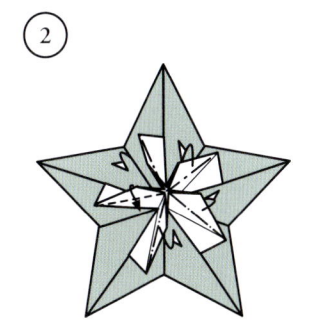

立てたひだを折ってとめる

③

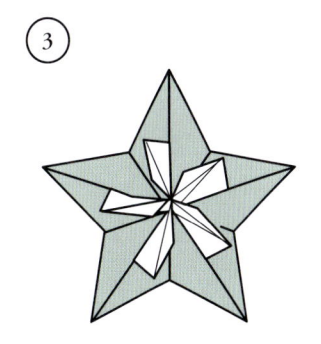

できあがり

銀星1-A

★ 15cm×15cmから切り出す

正五角形の紙から作る星

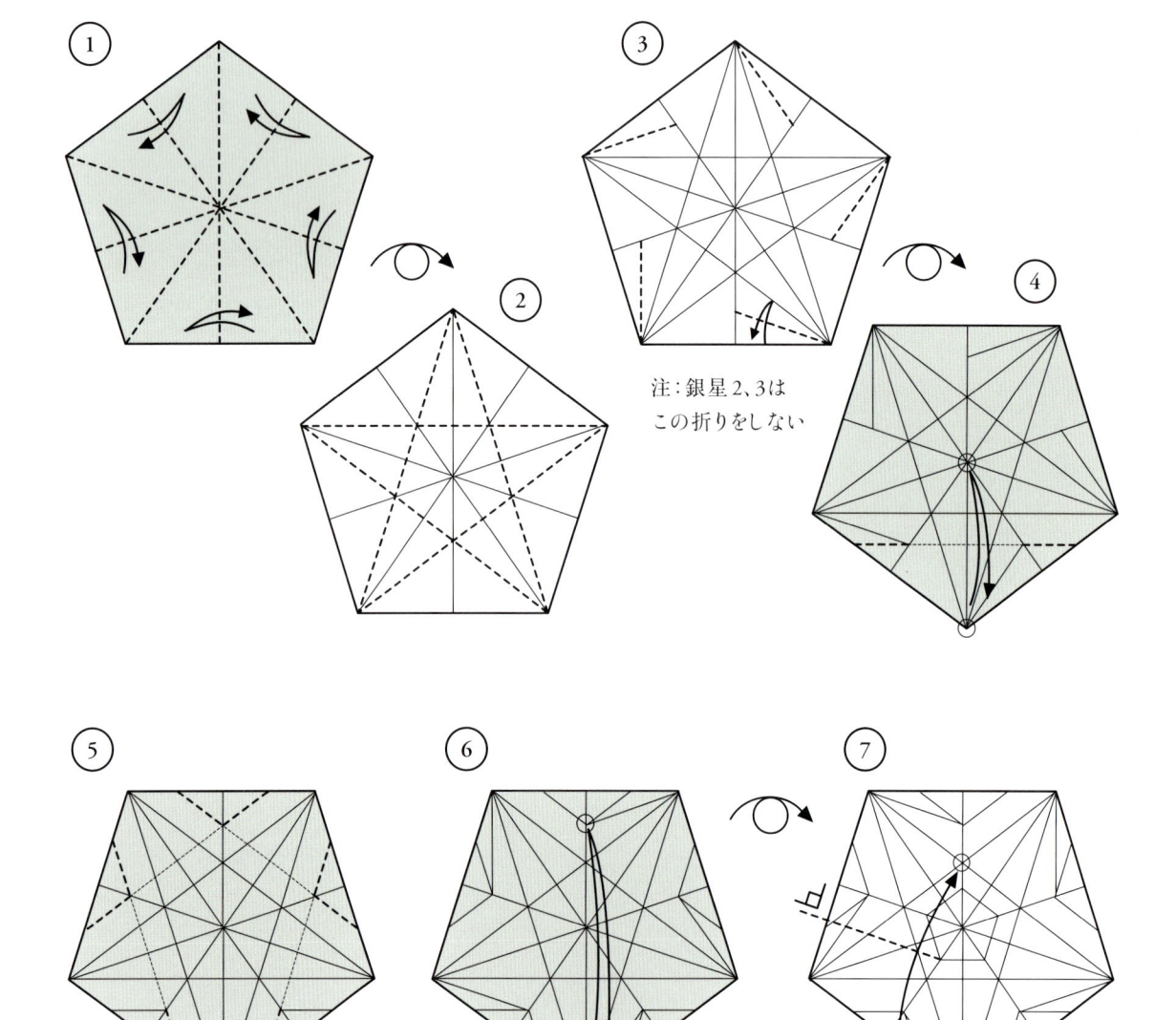

注：銀星2、3はこの折りをしない

図のような折り線をつける

○印を合わせて辺に直角に折り線をつける

90

⑧

△印の所まで
折り線をつける

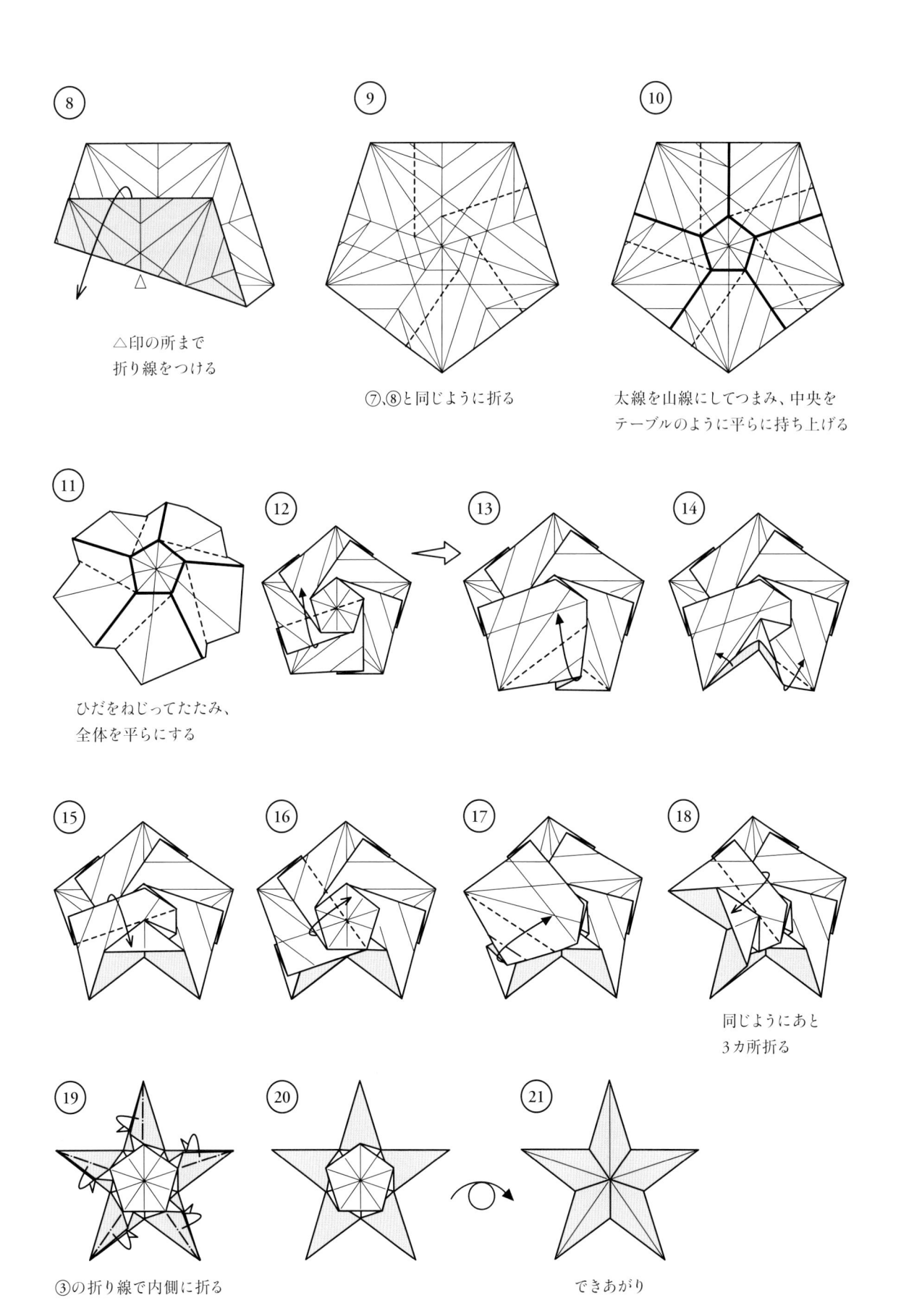

⑨

⑦、⑧と同じように折る

⑩

太線を山線にしてつまみ、中央を
テーブルのように平らに持ち上げる

⑪

ひだをねじってたたみ、
全体を平らにする

⑫

⑬

⑭

⑮

⑯

⑰

⑱

同じようにあと
3カ所折る

⑲

③の折り線で内側に折る

⑳

㉑

できあがり

銀星 1 - B, C, D

★ 15cm×15cm から切り出す

正五角形の
紙から
作る星

中央部はP87〜89B,C,Dのようにまとめることができます。
くわしい折り方はそちらを参照。

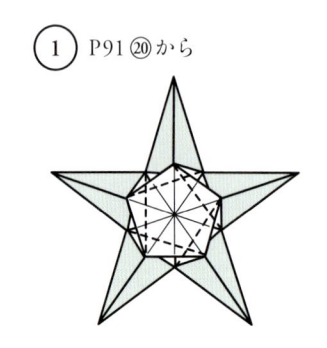

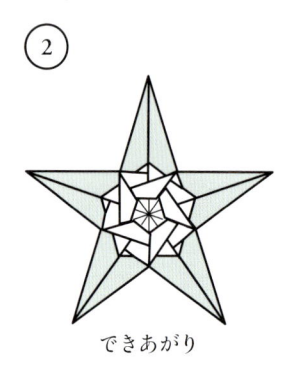

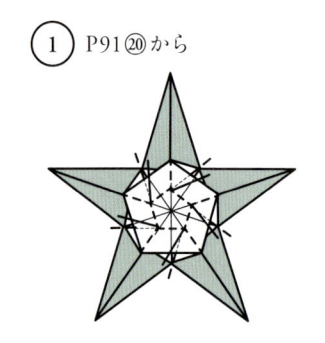

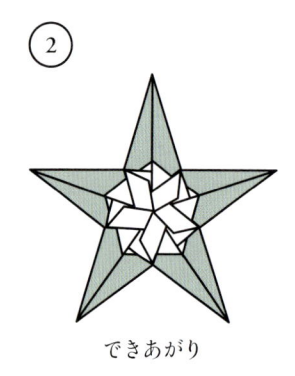

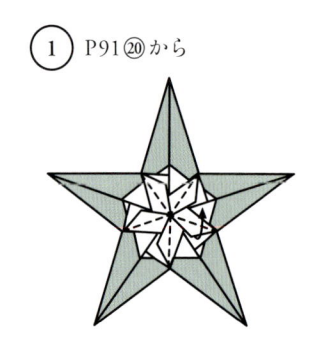

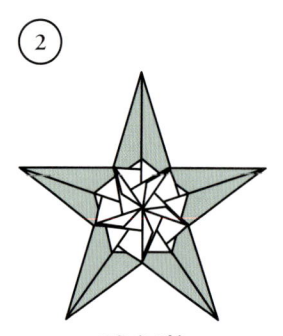

B

① P91⑳から

② できあがり

C

① P91⑳から

② できあがり

D

① P91⑳から

② できあがり

銀星2 - A , B , D

★ 15cm×15cmから切り出す

正五角形の紙から作る星

中央部はP87〜89 B,C,Dのようにまとめることができます。くわしい折り方はそちらを参照。

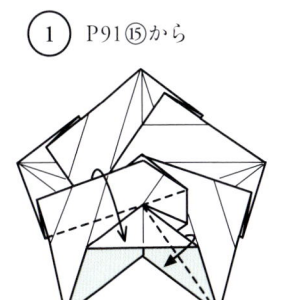

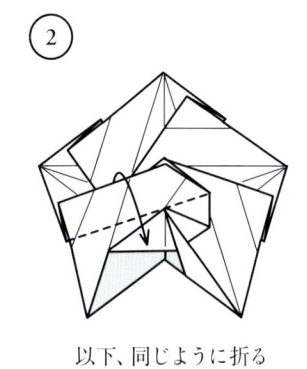

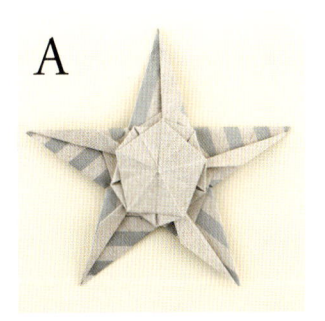

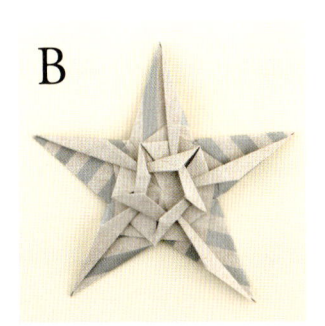

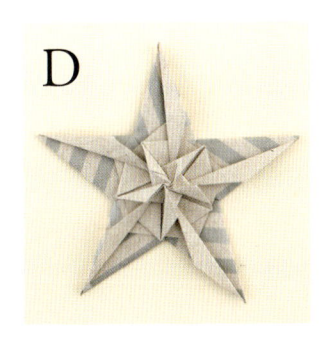

① P91⑮から

②

以下、同じように折る

A

できあがり

B

できあがり

D

できあがり

銀星 3 - A , B

★ 15cm×15cmから切り出す

正五角形の紙から作る星

中央部はP79〜89B,C,Dのようにまとめることができます。
くわしい折り方はそちらを参照。

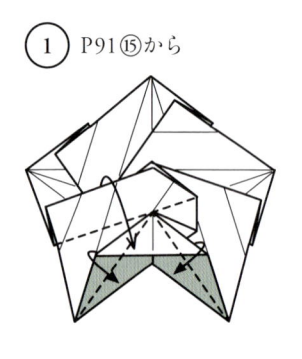

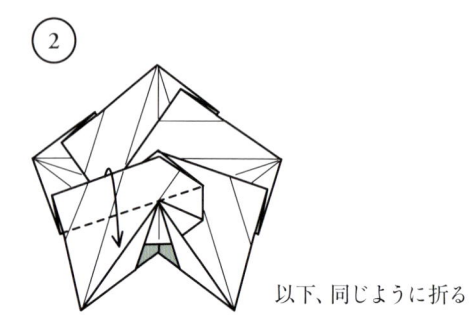

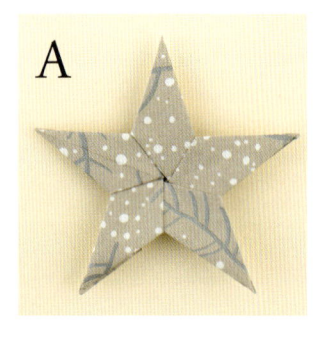

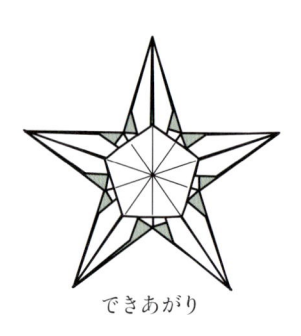

① P91⑮から

②

以下、同じように折る

A

できあがり

B

できあがり

笠銀星A

★ 15cm×15cmから切り出す

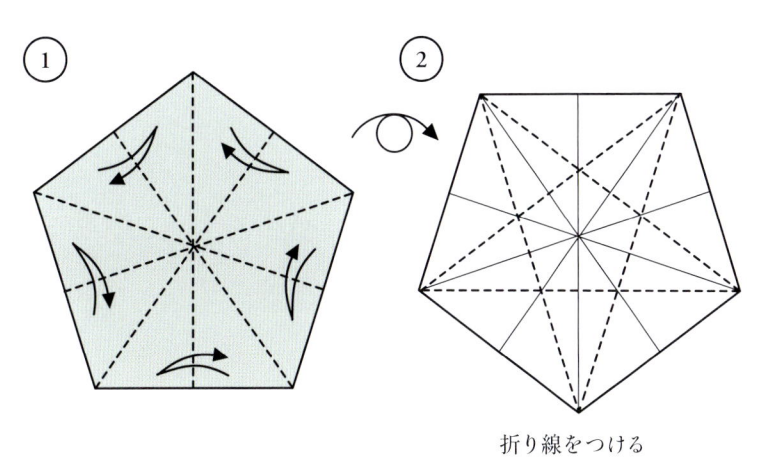

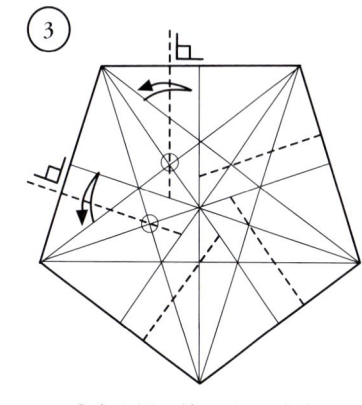

正五角形の紙から作る星

①

② 折り線をつける

③ ○印を通る線で、辺に直角に折り線をつける

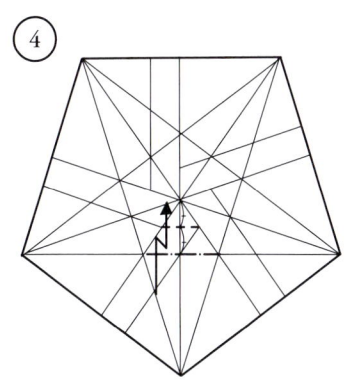

④ つまんで段に折り中央部分だけ谷線をつける

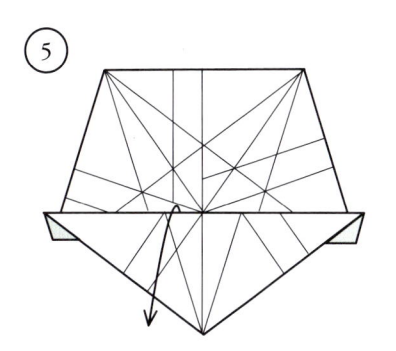

⑤

⑥ ④、⑤と同じ要領で折り線をつける

95

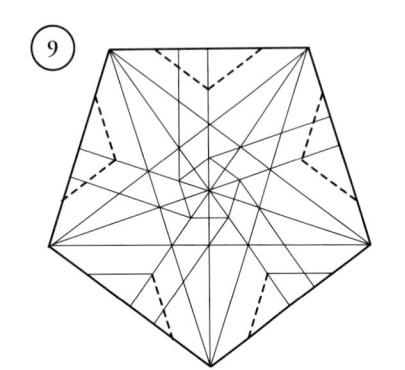

⑦、⑧と同じ要領で
折り線をつける

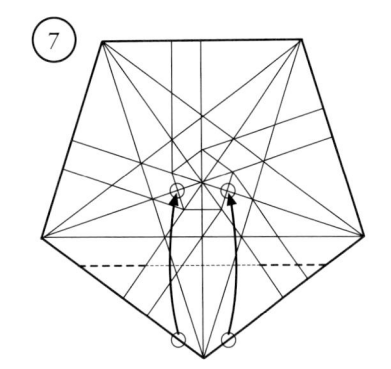

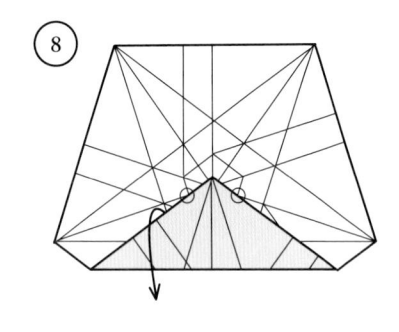

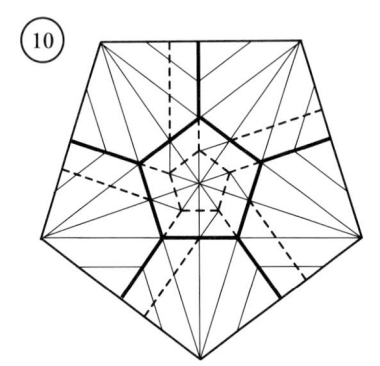

太線を山線にしてつまみ、
中央をテーブルのように
平らに持ち上げる

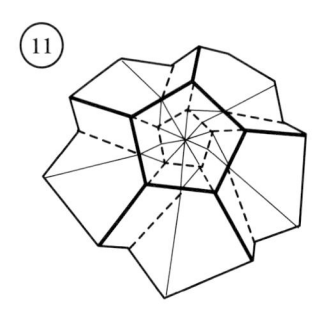

かどを寄せて中央
をくぼませる

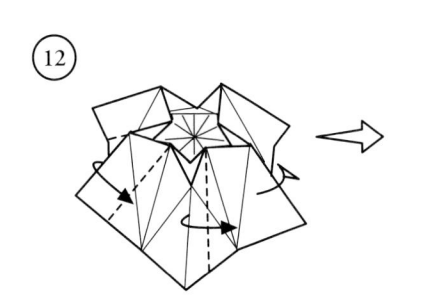

ねじりながら中央に
寄せて平らにたたむ

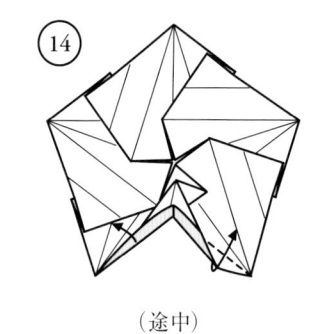

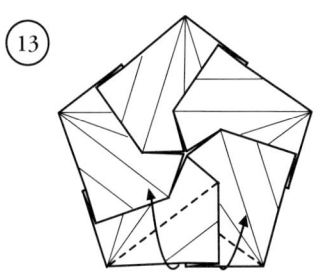

（途中）

⑮

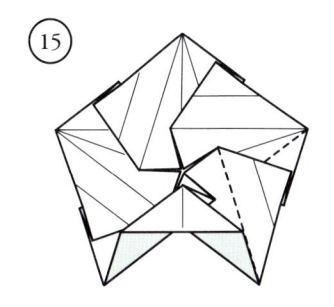

⑯ ドにあるかどを上に出す

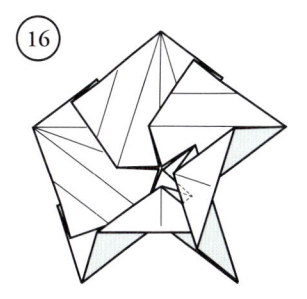

⑰ 同じようにあと3カ所折る

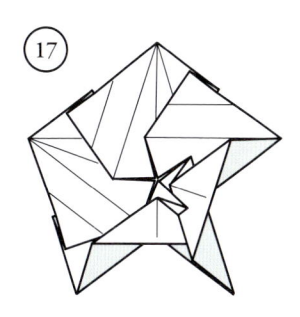

⑱ できあがり

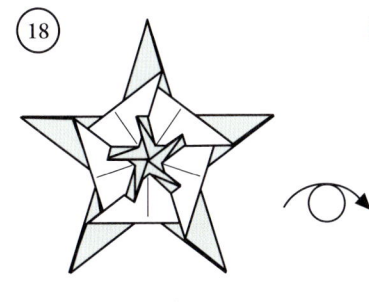

⑲

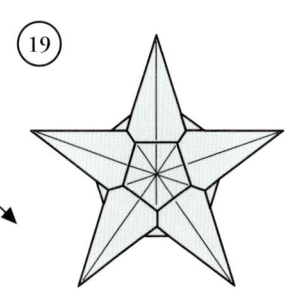

笠銀星B

★ 15cm×15cmから切り出す

正五角形の紙から作る星

① P97⑮から

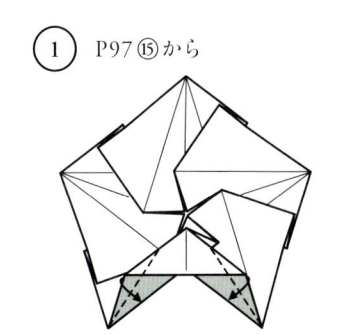

② 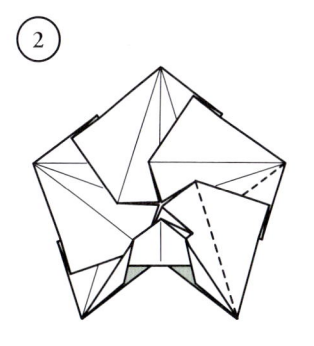 以下、同じように折る

③ 裏返すと笠銀星A⑲と同じ形

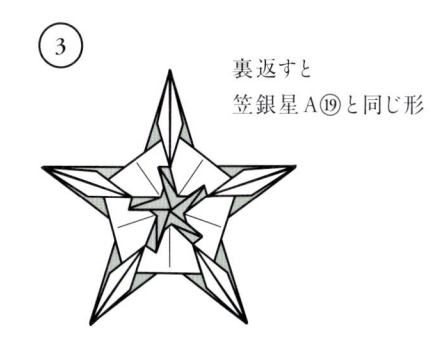

できあがり

97

PART 4

正六角形の紙から作る
星と雪

正六角形の紙からできる繊細なかたちの星と雪。
折り線が多く、折り方も複雑なので
薄手の紙を使うほうが折りやすくおすすめです。
折り重なった紙の様子も透けて見えるので、
雪の結晶らしさも表現できます。

99

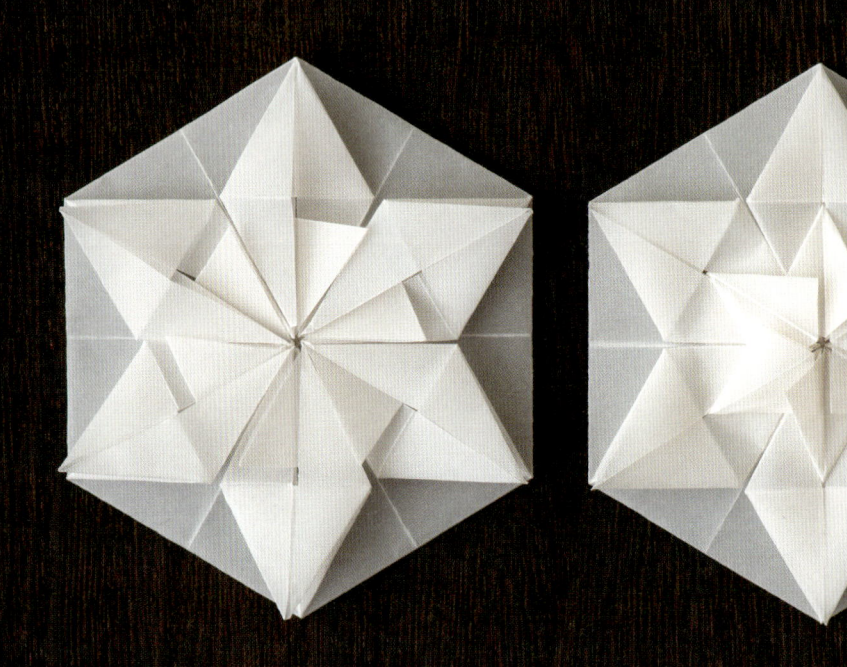

雪花たとう 1-A
折り方…p112

雪花たとう 1-B
折り方…p113

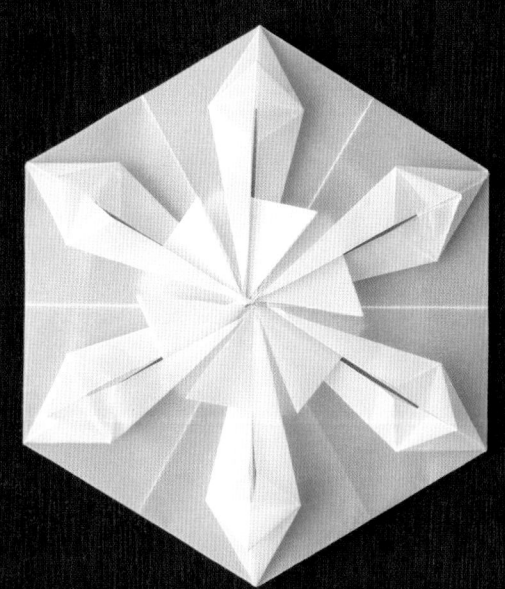

雪花たとう2-A
折り方…p114

雪花たとう2-B
折り方…p115

六芒星

折り方…p116

雪の結晶1-B
折り方…p119

雪の結晶1-A
折り方…p118

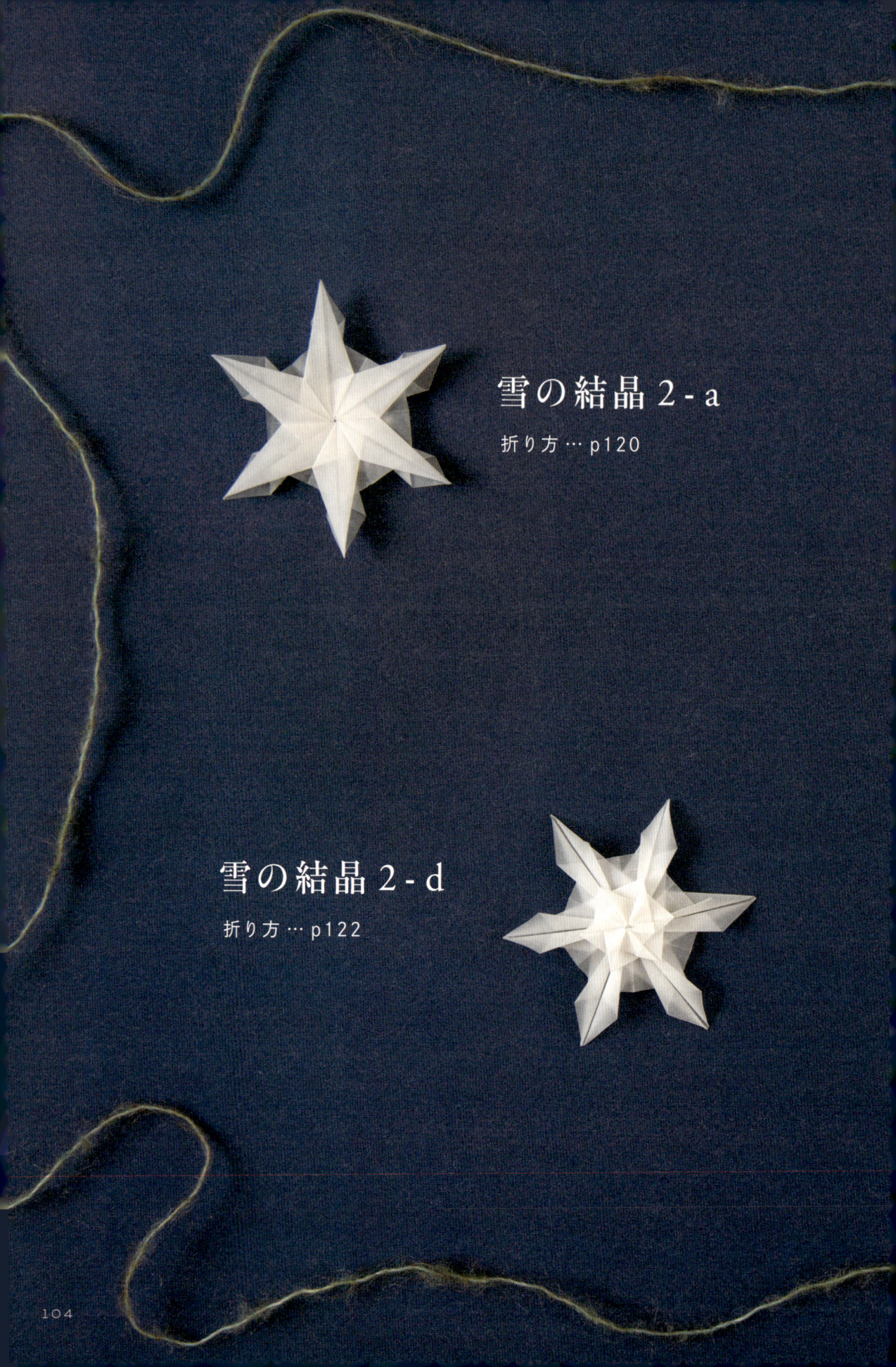

雪の結晶 2 - a
折り方…p120

雪の結晶 2 - d
折り方…p122

雪の結晶 2-b
折り方…p122

雪の結晶 2-c
折り方…p122

雪の結晶 3-A
折り方…p123

雪の結晶 3-A-c
折り方…p124

雪の結晶 3-A-b
折り方…p124

雪の結晶 3-A-e
折り方…p124

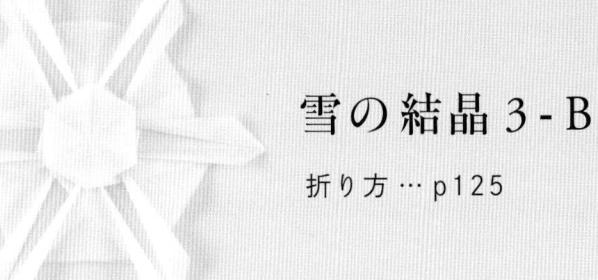

雪の結晶 3-B

折り方…p125

雪の結晶 3-B-e

折り方…p125

雪の結晶 3-B-b

折り方…p125

雪の結晶 4-a
折り方…p126

雪の結晶 4-b
折り方…p127

雪の結晶 4-c
折り方…p127

DECORATION IDEA

窓に貼れば、
月明かりで雪の模様が
浮かび上がります

糸を通せば、
クリスマスに飾れる
オーナメントに

正六角形の切り出し

正方形のおりがみを折りたたみ、余分な部分を切ると正六角形の紙が作れます。

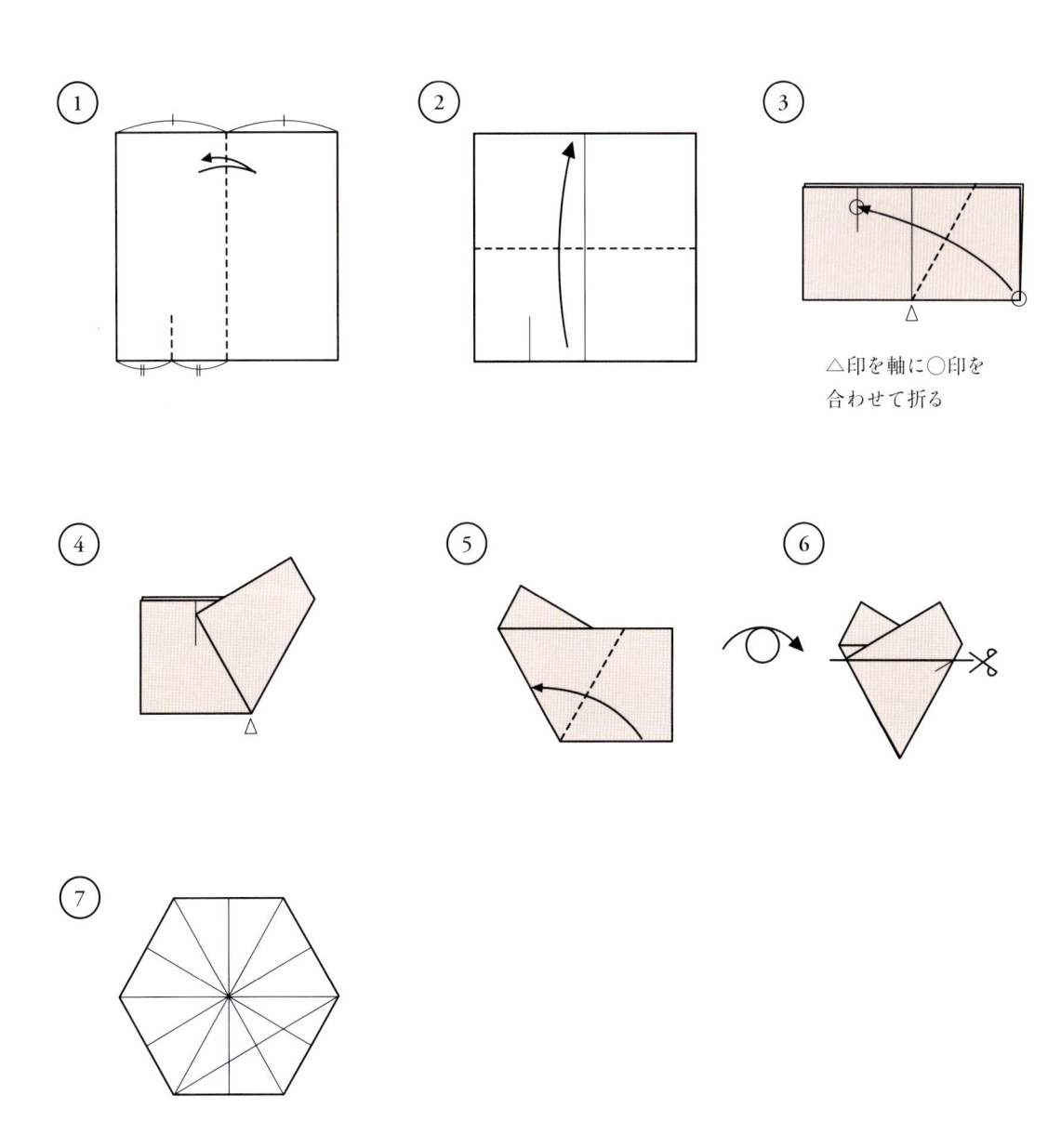

③ △印を軸に○印を合わせて折る

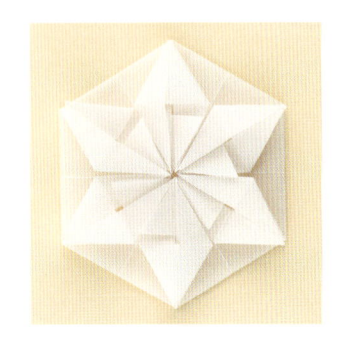

雪花たとう1-A

★ 15cm×15cmから切り出す

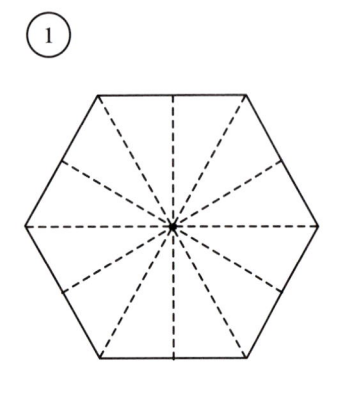

正六角形の紙から作る星と雪

①

② 仕込み折り：後で役立つ折り（この場合 ③, ④）

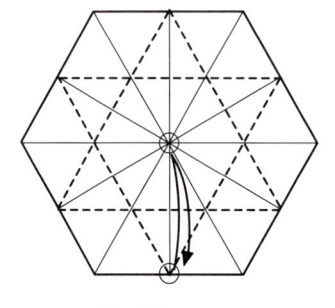

折り線をつける

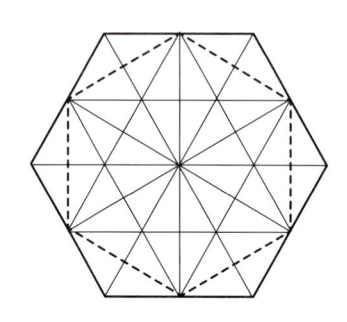

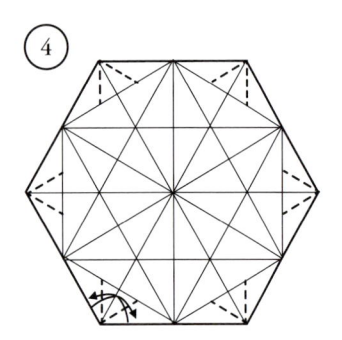

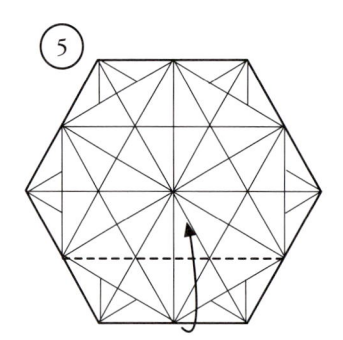

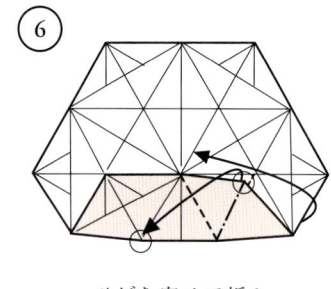

③

④

⑤

⑥ ひだを寄せて折る

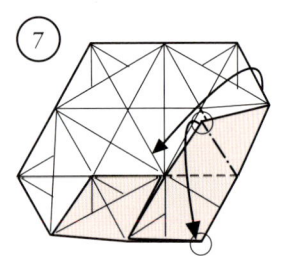

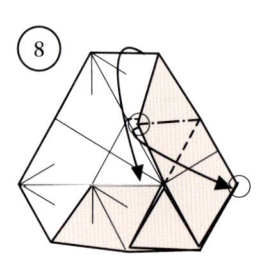

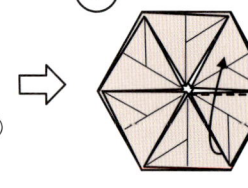

⑦

⑧ 同じように折りたたんでいく

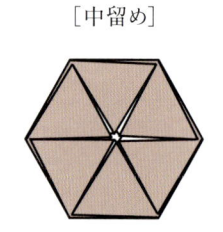

⑨

［中留め］

「中留め」に使う場合は③,④の仕込み折りをしない

⑩ ⑪ ⑫ ⑬ ⑭

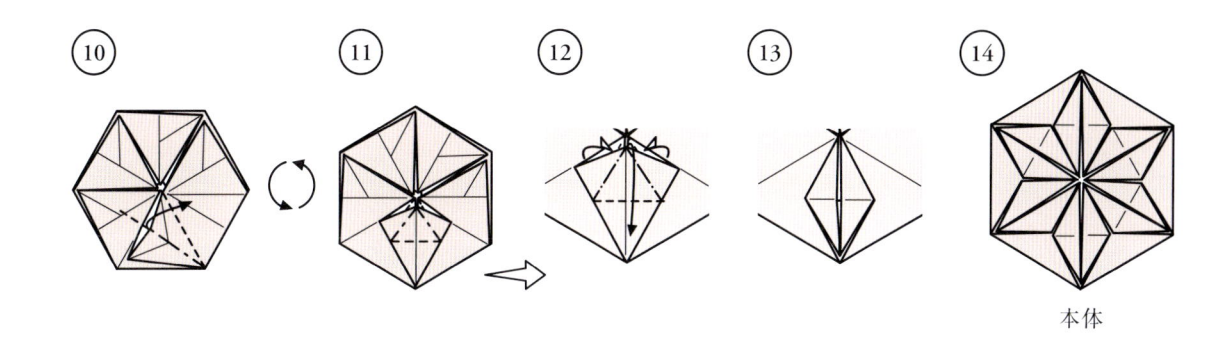

本体

組み方

① ② ③ ④

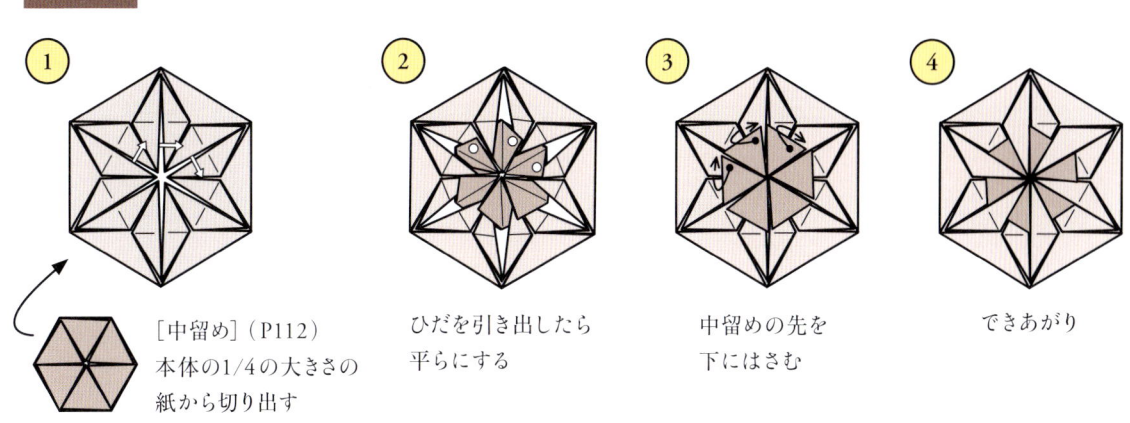

[中留め]（P112）
本体の1/4の大きさの
紙から切り出す

本体を軽く開いて中留めを入れ、
中留めの○印のひだを
矢印から引き出す（6カ所）

ひだを引き出したら
平らにする

中留めの先を
下にはさむ

できあがり

雪花たとう1-B

正六角形の
紙から作る
星と雪

組み方

① P113
組み方②から

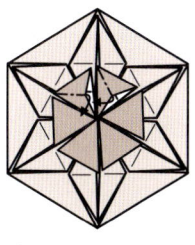

中留めを開いてつぶす

②

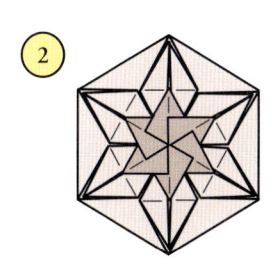

できあがり

雪花たとう2-A

正六角形の紙から作る星と雪

★ 15cm×15cmから切り出す

①

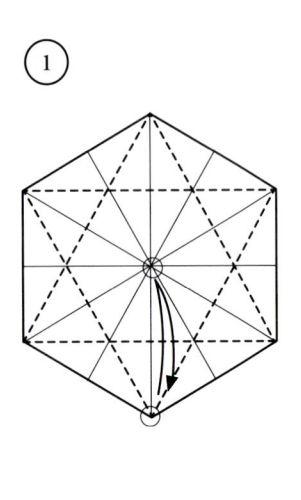

② 仕込み折り：
⑥で役立つ折り

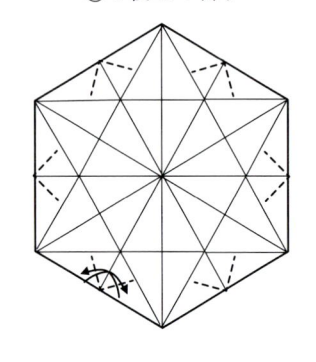

③

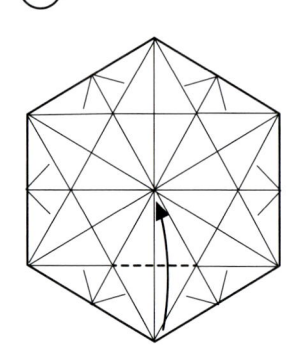

④ 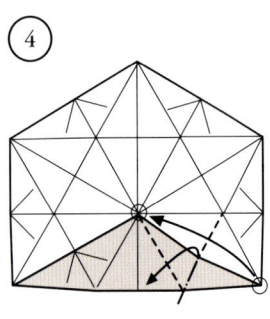 ひだを寄せて折る

⑤ 同じように
折りたたんでいく

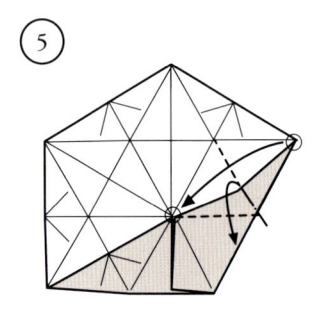

⑥

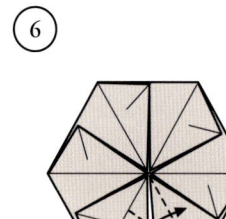

⑦

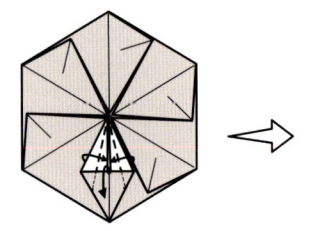

⑧ 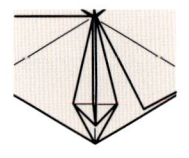 同じように
折りたたんでいく

組み方

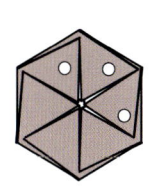

[中留め]
P112

本体の寸法から下図の大きさの紙を作り、六角に切り出す

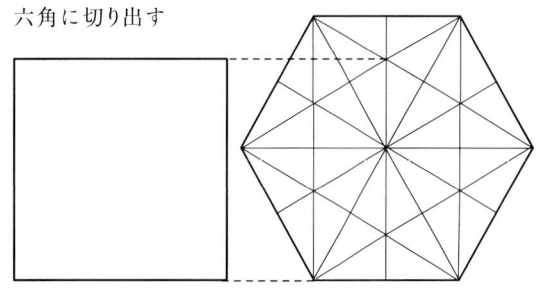

①  本体を軽く開いて中留めを入れ、中留めの○印のひだを矢印から引き出す（6カ所）

② ひだを引き出したら平らにする

③ 中留めの先を下にはさむ

④ できあがり

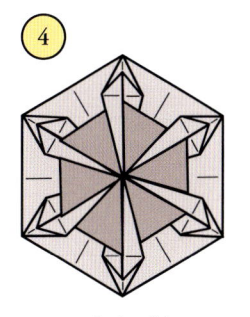

[中留め]を本体の4分の1から切り出した場合

雪花たとう2-B

正六角形の紙から作る星と雪

組み方

① P115 組み方②から　中留めを開いてつぶす

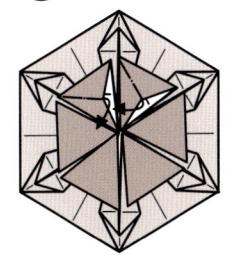

② できあがり

[中留め]を本体の4分の1から切り出した場合

六芒星

★ 15cm×15cmから切り出す

正六角形の紙から作る星と雪

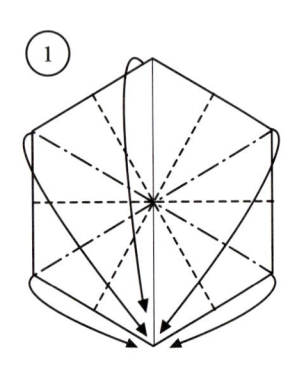

① 折り線どおりにまとめる

② みんな開く

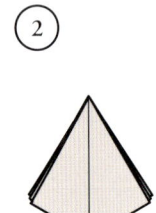

③

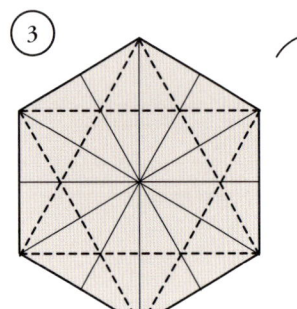

④

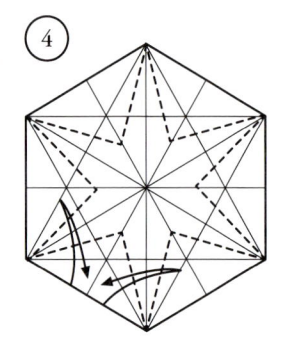

⑤

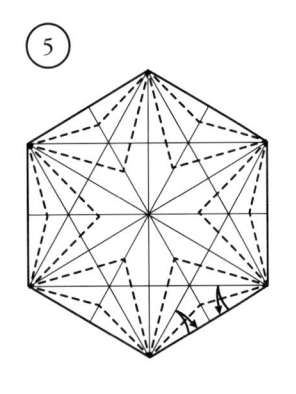

⑥ 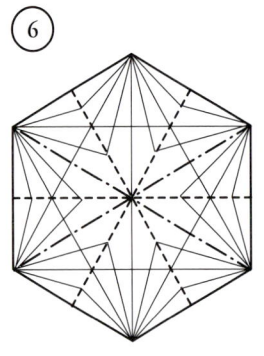 折り線どおりにまとめる

⑦ 2回中割り折り

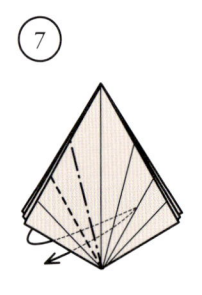

⑧ 2回中割り折り

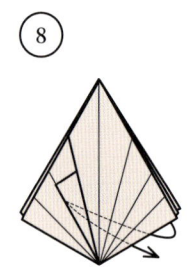

⑨

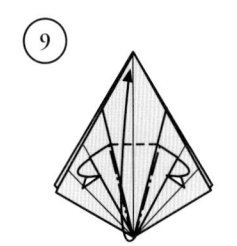

3回目の中割り折り
をして上に折る

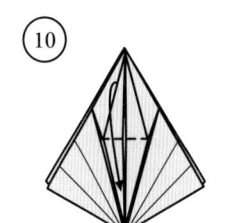

⑩

⑪

あと4カ所を⑦〜⑪
と同じように折る

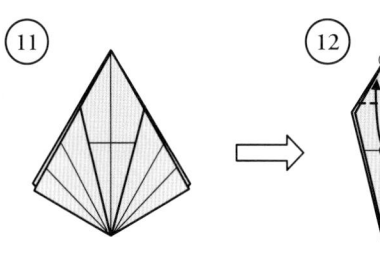

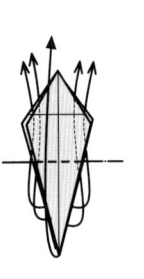

⑫

⑬

6つの先を上に
中割り折り

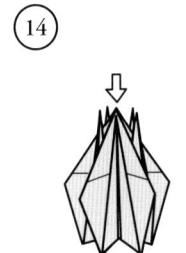

⑭

矢印から押して⑫で
つけた線までつぶす

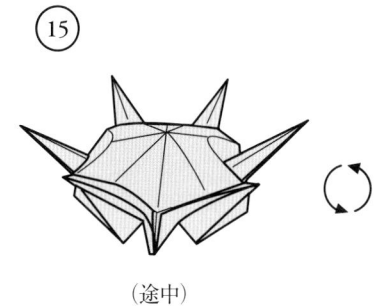

⑮

(途中)

⑯ [裏側]

中央をつぶした所

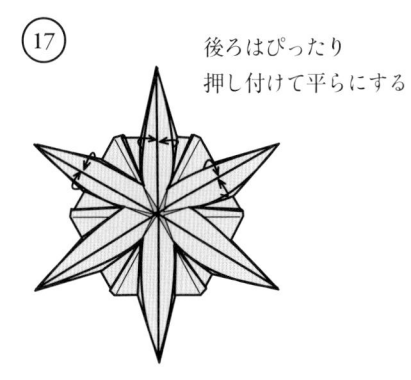

⑰

後ろはぴったり
押し付けて平らにする

二重になっている
上のひだをつまんで少し立て、
全体の形を整える

⑱

できあがり

雪の結晶 1-A

★ 15cm×15cmから切り出す

正六角形の紙から作る星と雪

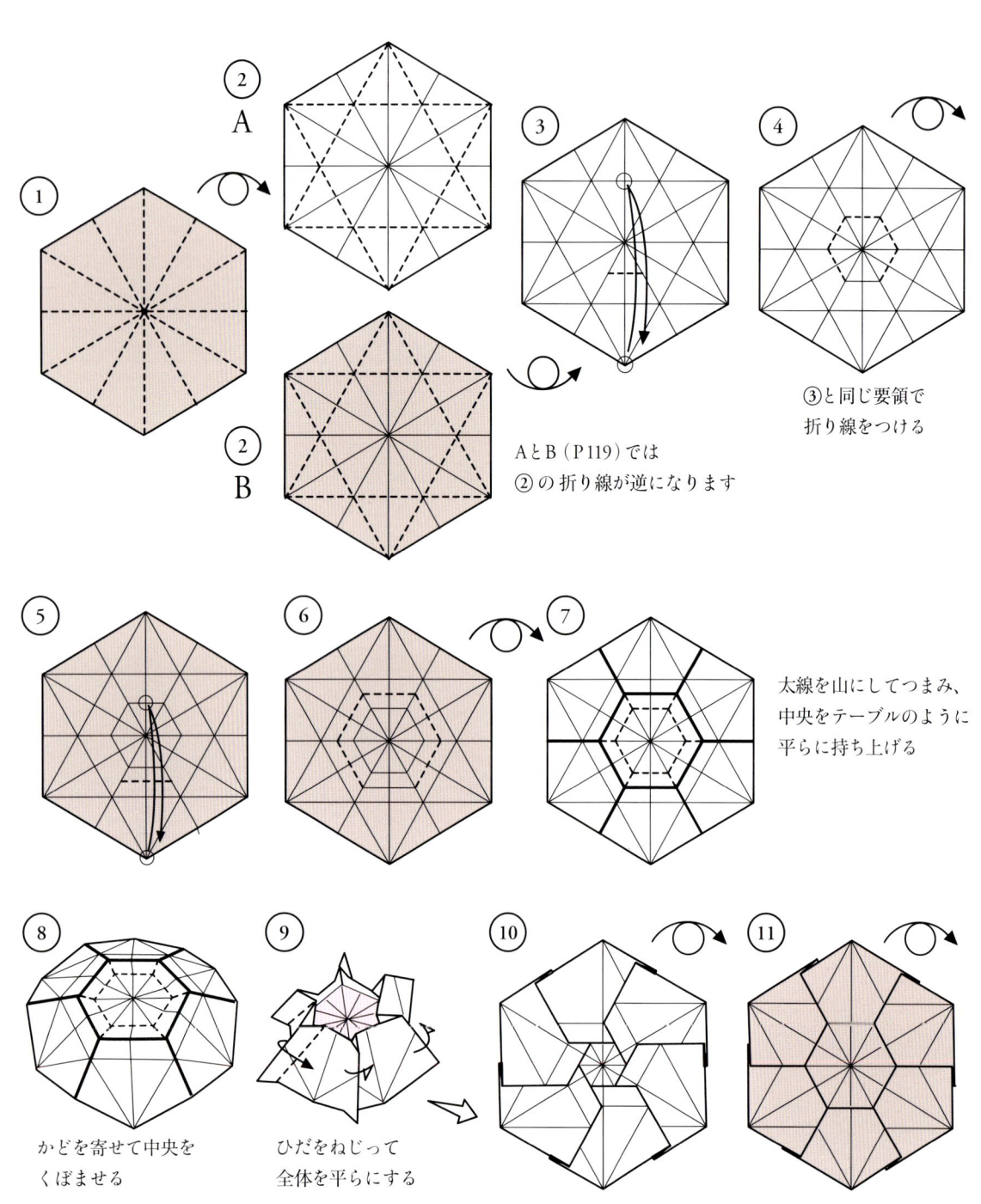

② AとB（P119）では②の折り線が逆になります

③と同じ要領で折り線をつける

太線を山にしてつまみ、中央をテーブルのように平らに持ち上げる

⑧ かどを寄せて中央をくぼませる

⑨ ひだをねじって全体を平らにする

⑫ 矢印から開く

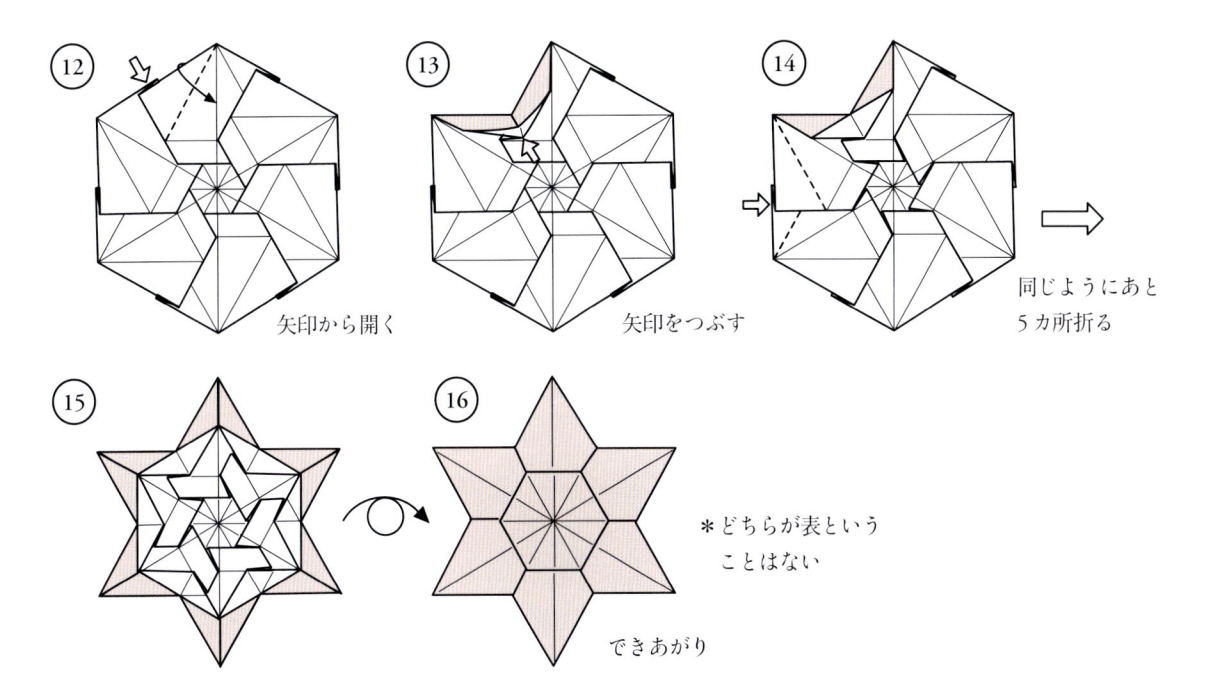

⑬ 矢印をつぶす

⑭ 同じようにあと5カ所折る

⑮

⑯ できあがり

＊どちらが表ということはない

雪の結晶1-B

★ 15cm×15cmから切り出す

正六角形の紙から作る星と雪

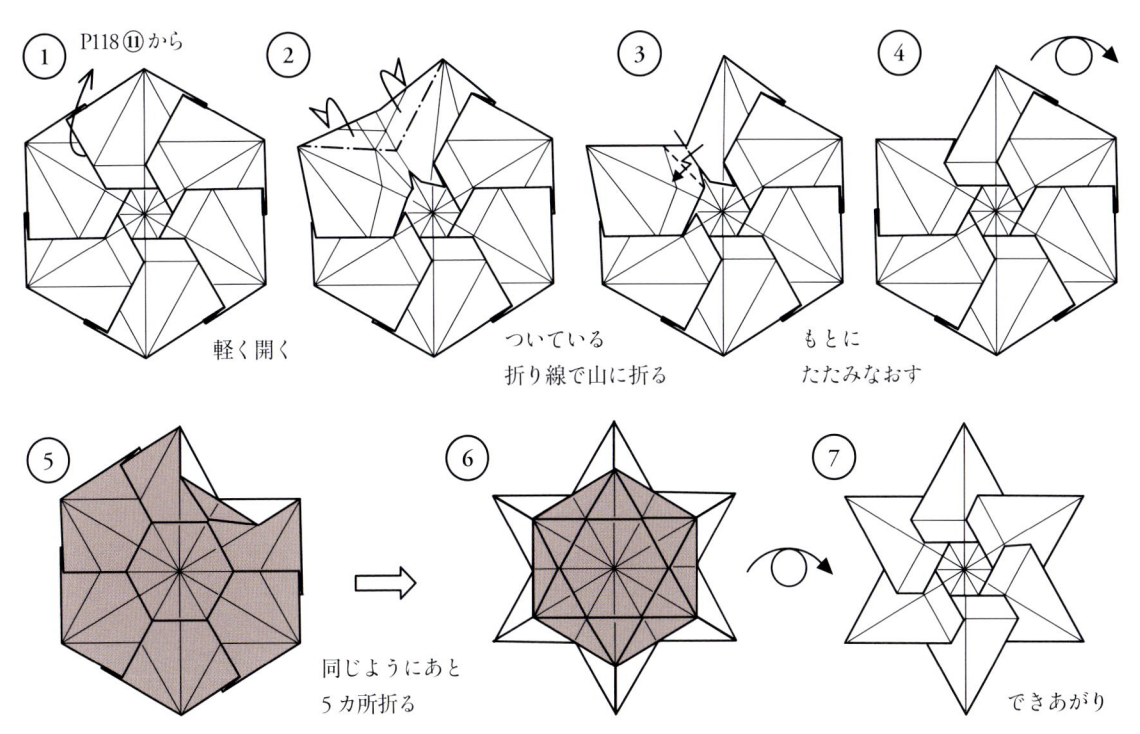

① P118⑪から

② 軽く開く

③ ついている折り線で山に折る

④ もとにたたみなおす

⑤

⑥ 同じようにあと5カ所折る

⑦ できあがり

119

雪の結晶2-a

★ 15cm×15cmから切り出す

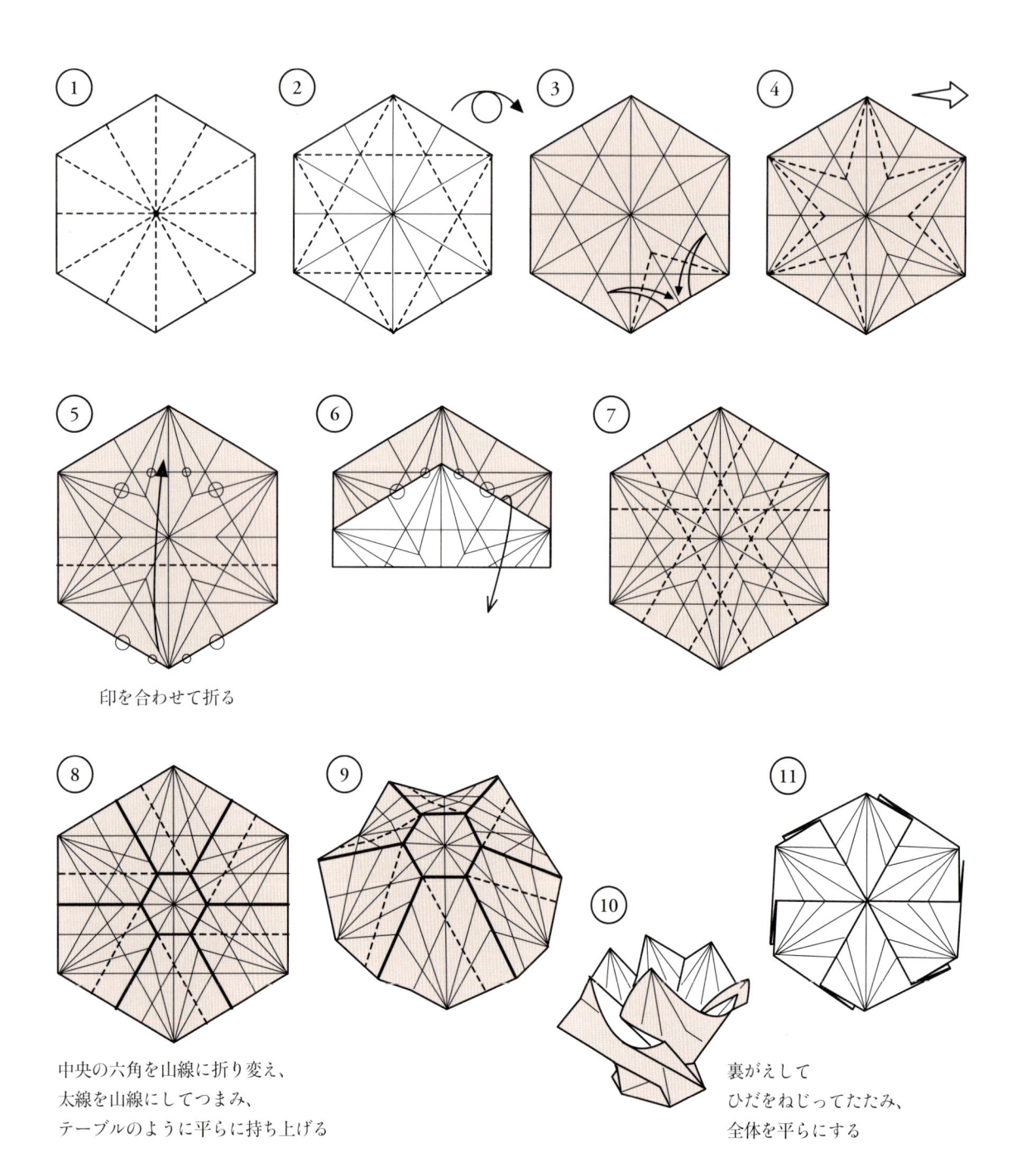

正六角形の紙から作る星と雪

⑤ 印を合わせて折る

⑧ 中央の六角を山線に折り変え、太線を山線にしてつまみ、テーブルのように平らに持ち上げる

⑩ 裏がえしてひだをねじってたたみ、全体を平らにする

⑫ ⑬ ⑭ ⑮

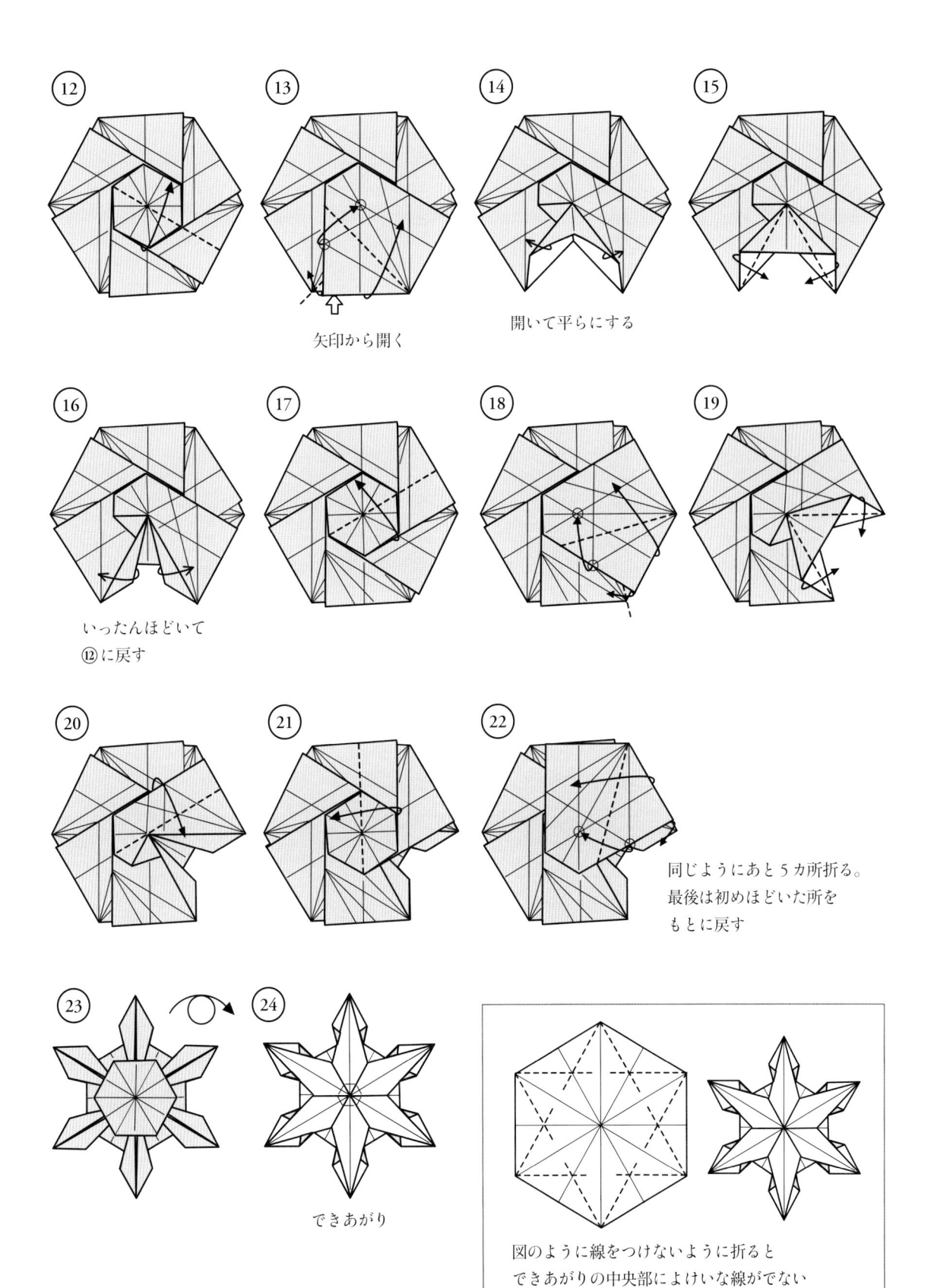

矢印から開く　　開いて平らにする

⑯ ⑰ ⑱ ⑲

いったんほどいて
⑫に戻す

⑳ ㉑ ㉒

同じようにあと5カ所折る。
最後は初めほどいた所を
もとに戻す

㉓ ㉔

できあがり

図のように線をつけないように折ると
できあがりの中央部によけいな線がでない

雪の結晶 2-b, c, d

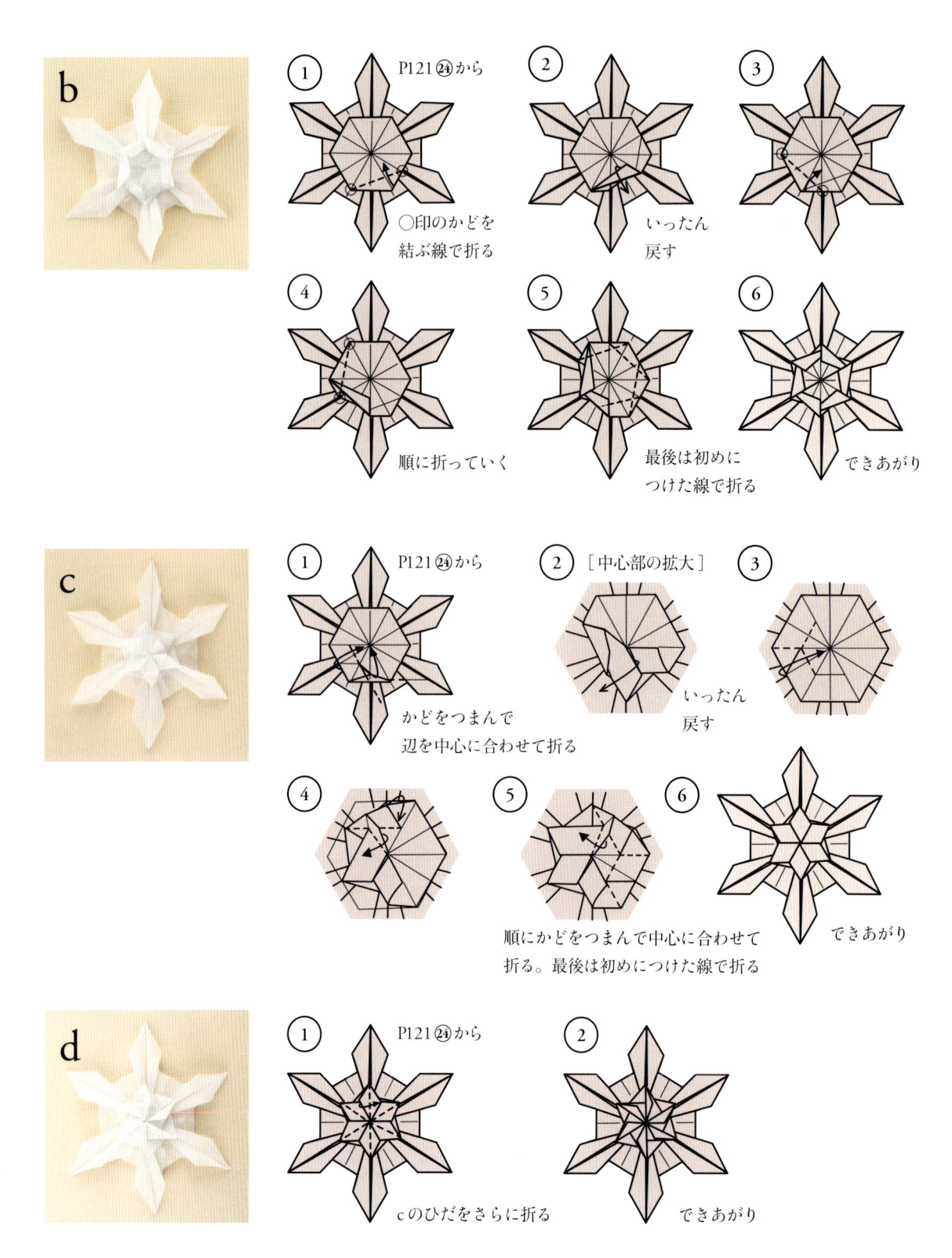

b

① P121㉔から
○印のかどを結ぶ線で折る

② いったん戻す

③

④ 順に折っていく

⑤ 最後は初めにつけた線で折る

⑥ できあがり

c

① P121㉔から
かどをつまんで辺を中心に合わせて折る

② [中心部の拡大]

③ いったん戻す

④

⑤ 順にかどをつまんで中心に合わせて折る。最後は初めにつけた線で折る

⑥ できあがり

d

① P121㉔から
cのひだをさらに折る

② できあがり

雪の結晶3-A

★ 15cm×15cmから切り出す

正六角形の紙から作る星と雪

「雪の結晶2」(P122)の中心部の折る幅を変えたものです。

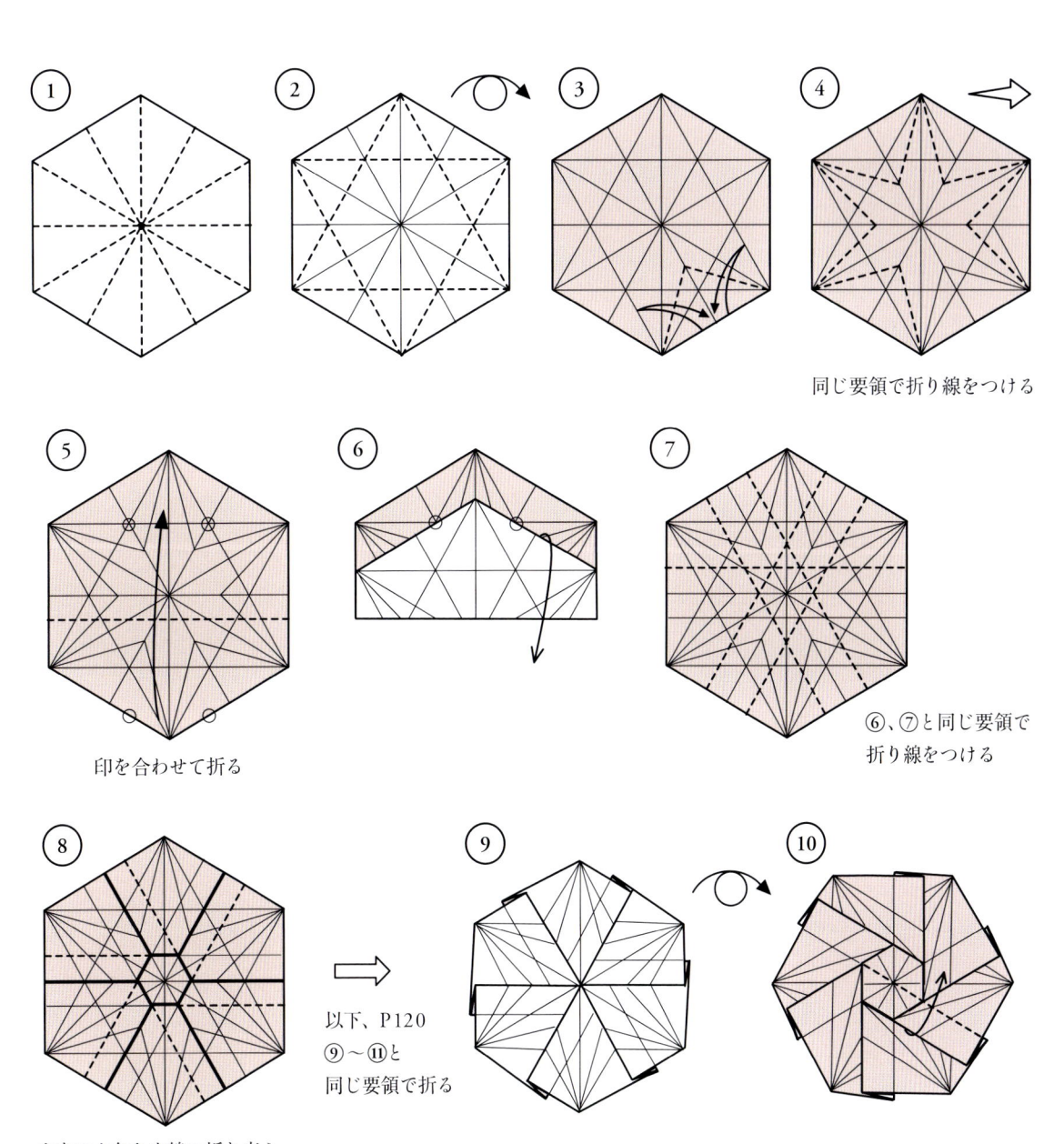

① ② ③ ④

同じ要領で折り線をつける

⑤ ⑥ ⑦

印を合わせて折る

⑥、⑦と同じ要領で折り線をつける

⑧ ⑨ ⑩

中央の六角を山線に折り変え、
太線を山線にしてつまみ、
テーブルのように平らに持ち上げる

以下、P120
⑨〜⑪と
同じ要領で折る

⑪ 矢印から開く

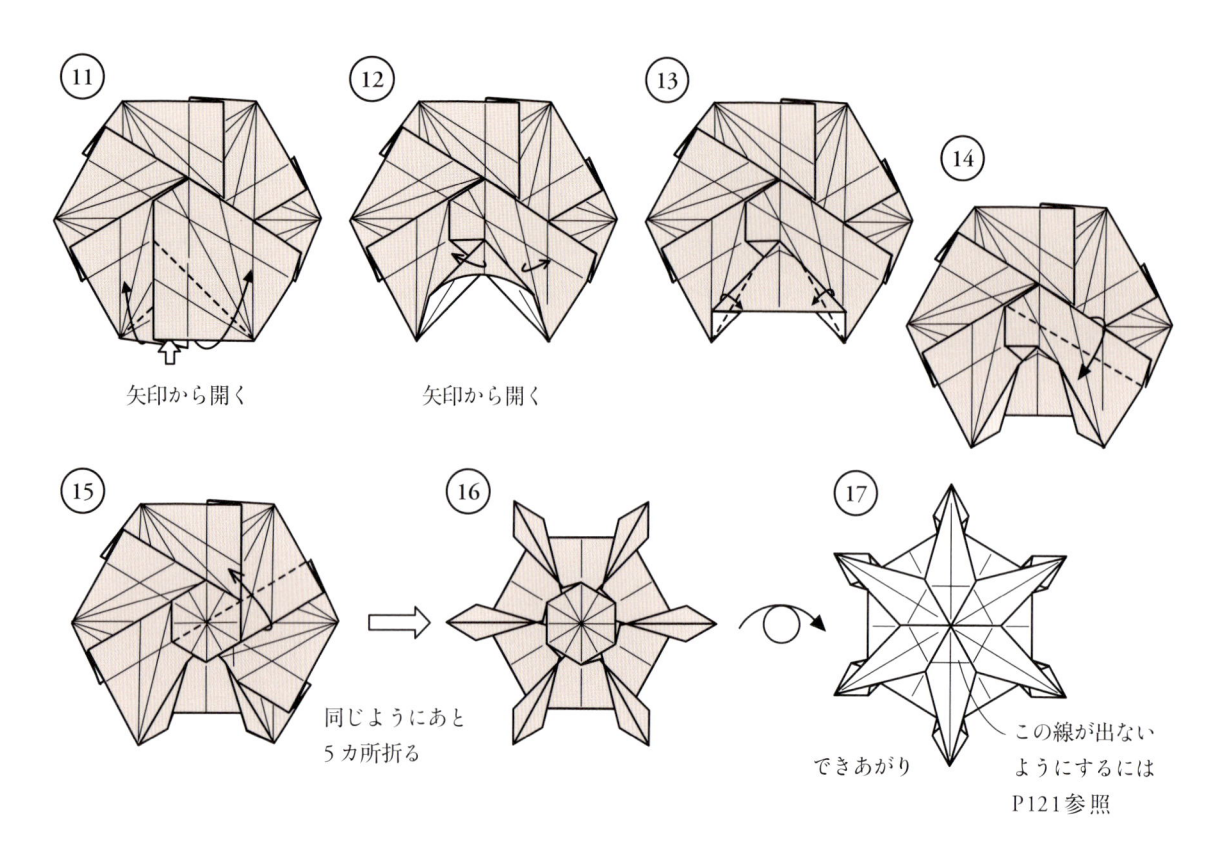

⑫ 矢印から開く

⑬

⑭

⑮ 同じようにあと5カ所折る

⑯

⑰ できあがり
この線が出ないようにするにはP121参照

＊中心部はb, c, d（P122参照）, eの4種類できます

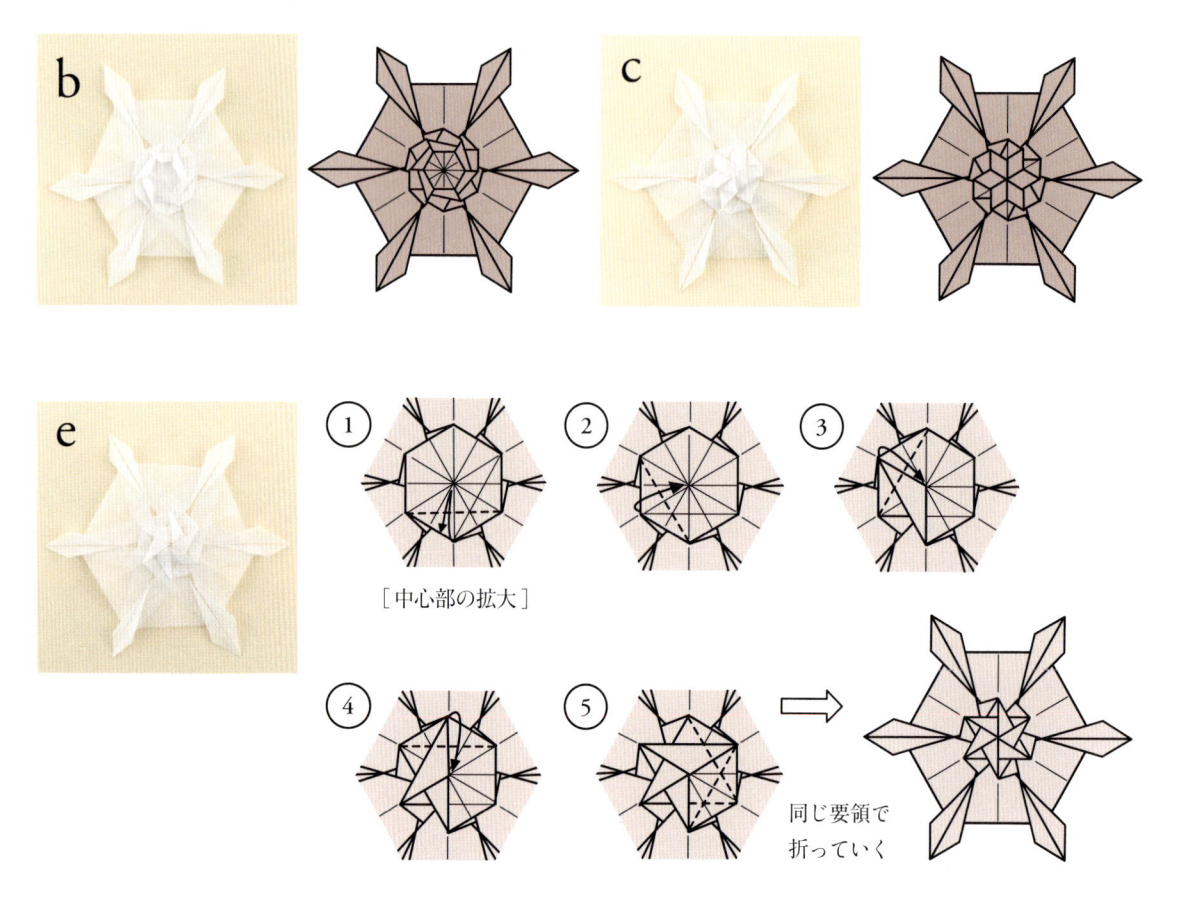

b

c

e

［中心部の拡大］

① ② ③ ④ ⑤

同じ要領で折っていく

124

雪の結晶3-B

★ 15cm×15cmから切り出す

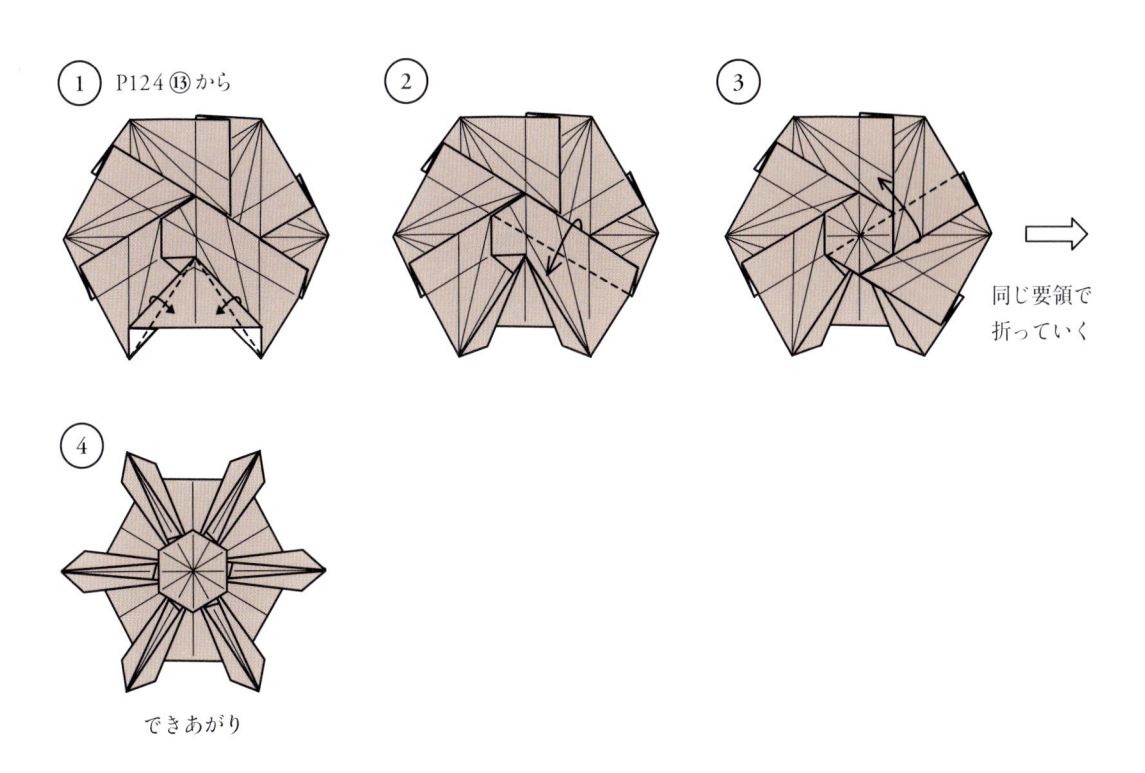

正六角形の紙から作る星と雪

① P124⑬から

②

③ 同じ要領で折っていく

④ できあがり

＊中心部はb,c,d（P122参照）,e（P124ページ）を参照

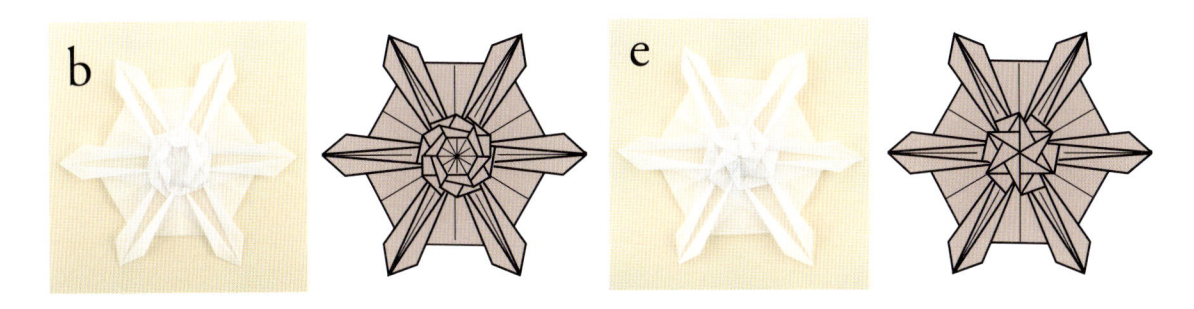

b

e

125

雪の結晶4-a

★ 15cm×15cmから切り出す

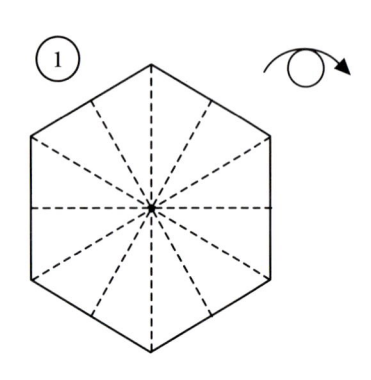

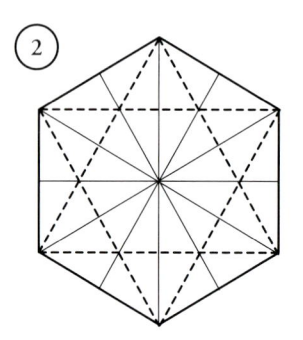

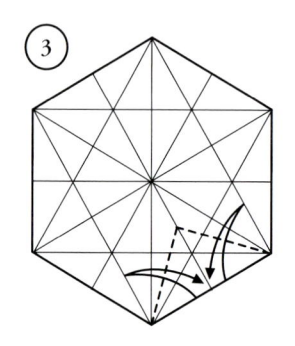

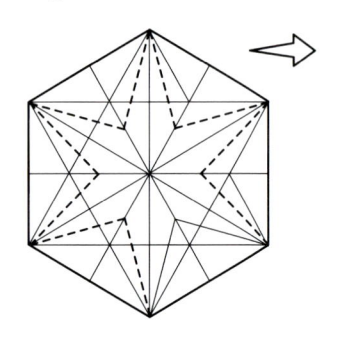

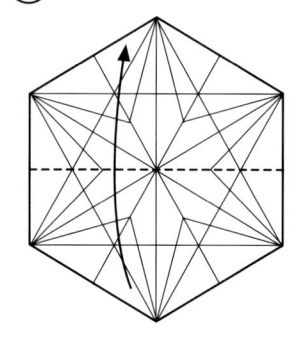

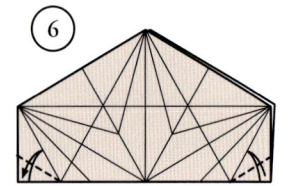

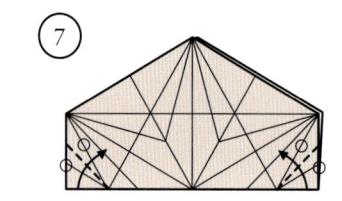

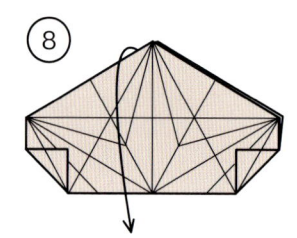

正六角形の
紙から作る
星と雪

⑤〜⑨は仕込み折り

⑨ あと2カ所⑤〜⑧と同じ要領で折り線をつける

⑩

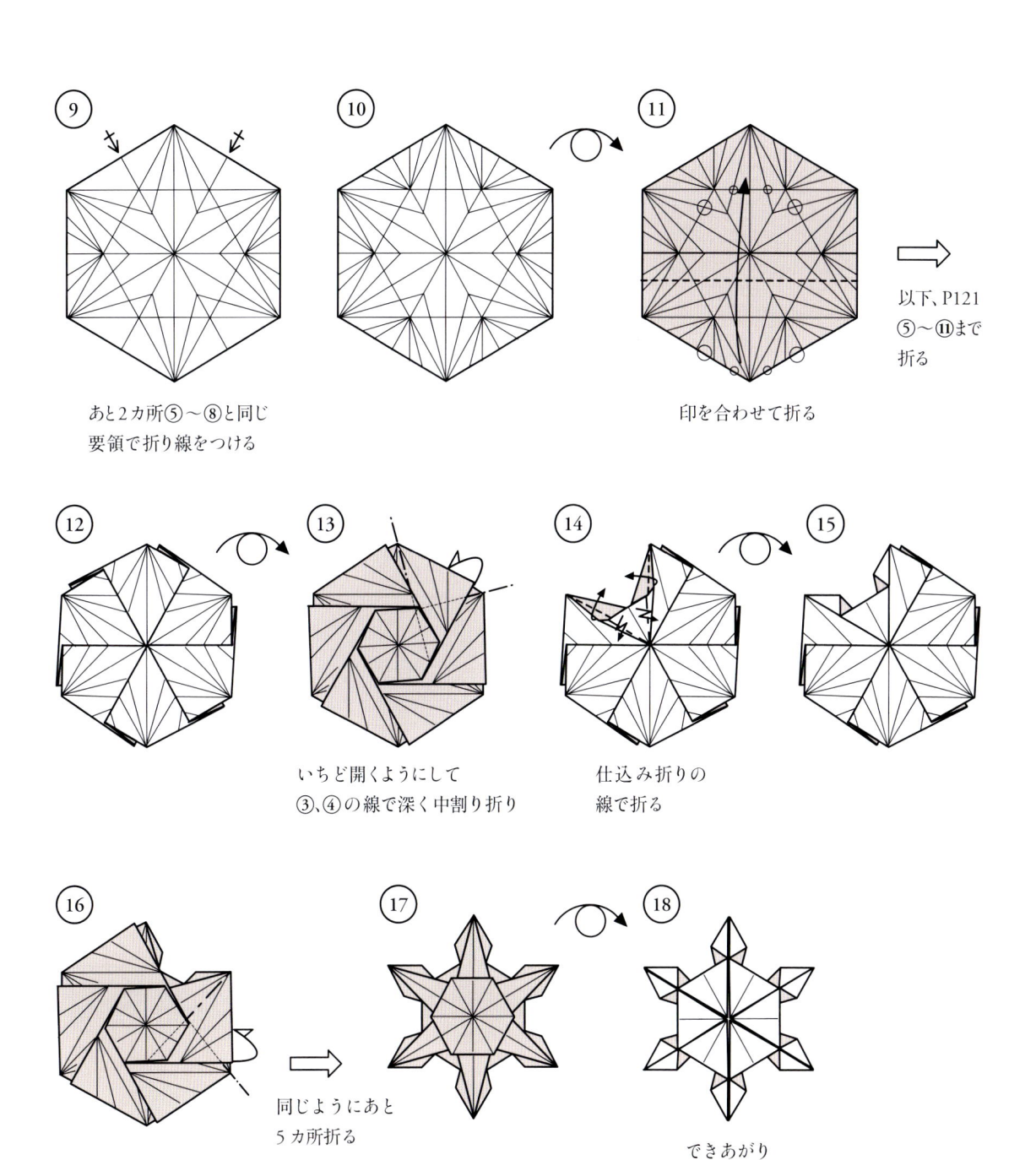

⑪ 印を合わせて折る

以下、P121 ⑤〜⑪まで折る

⑫

⑬ いちど開くようにして③、④の線で深く中割り折り

⑭ 仕込み折りの線で折る

⑮

⑯ 同じようにあと5カ所折る

⑰

⑱ できあがり

＊中央部はP122 b, c のようにまとめることができます

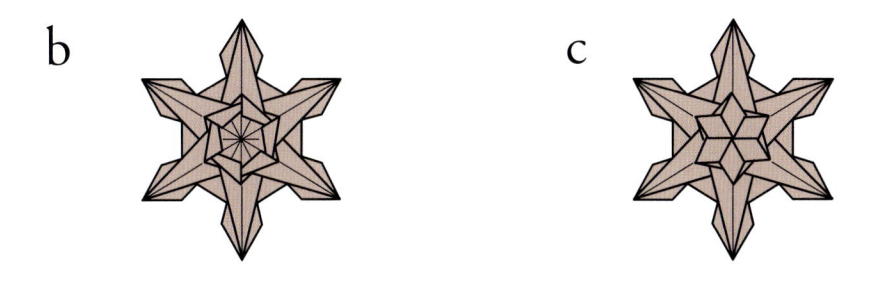

b

c

布施知子（ふせ ともこ）

新潟生まれ。直線の際立つ折り紙作品を目指す。国内、海外で個展を開催し、精力的に活動している。『くす玉おりがみ 花切子』『おりがみ 花の模様』(誠文堂新光社)『箱のおりがみ』(日本ヴォーグ社)など著書多数。

STAFF

撮影／外山温子（CROSSOVER Inc.）
装丁・デザイン／武村彩子

四角形、五角形、六角形の紙から折る

星と雪の装飾おりがみ

2014年11月13日　発行　　　　NDC 754.9
2023年 1月10日　第4刷

著　者　　布施知子
発 行 者　　小川雄一
発 行 所　　株式会社 誠文堂新光社
　　　　　　〒113-0033 東京都文京区本郷3-3-11
　　　　　　電話 03-5800-5780
　　　　　　https://www.seibundo-shinkosha.net/
印 刷 所　　株式会社 大熊整美堂
製 本 所　　和光堂 株式会社

©Tomoko Fuse. 2014　　　　Printed in Japan

本書掲載記事の無断転用を禁じます。

落丁本・乱丁本の場合はお取り替えいたします。

本書に掲載された記事の著作権は著者に帰属します。これらを無断で使用し、展示・販売・レンタル・講習会等を行うことを禁じます。

本書の内容に関するお問い合わせは、小社ホームページのお問い合わせフォームをご利用いただくか、上記までお電話ください。

JCOPY <（一社）出版者著作権管理機構　委託出版物>
本書を無断で複製複写（コピー）することは、著作権法上での例外を除き、禁じられています。本書をコピーされる場合は、そのつど事前に、（一社）出版者著作権管理機構（電話 03-5244-5088／FAX 03-5244-5089／e-mail：info@jcopy.or.jp）の許諾を得てください。

ISBN978-4-416-31446-3